AF400513

Osons faire !

FSC
www.fsc.org
MIXTE
Papier issu
de sources
responsables
Paper from
responsible sources
FSC® C105338

Gabriel MAFFRE

OSONS FAIRE !

Du politiquement correct au nécessaire

©Gabriel MAFFRE, 2020

Édition : BoD – Books on Demand, 12/14 rond-point des Champs-Élysées, 75008 Paris.

Impression : BoD - Books on Demand, Norderstedt, Allemagne

Graphisme : Isabel Komorebi
Mise en page : Jeanne Sélène

ISBN : 9782322241965

Dépôt légal : octobre 2020

A Felipe Anjos,
A Roger, Maurice, Hélène et Jean-Claude,

Aux habitantes et habitants des territoires, ruraux et urbains, d'Occitanie,

A toutes celles et ceux qui me font confiance,

« A une époque où tout est en fermentation, il faut savoir oser. La pire attitude en politique est de ne pas savoir se décider, ou de prendre des décisions successives et contradictoires. Nous ne devons pas être des velléitaires, prêts à tout abandonner dès que les premières difficultés surgissent. Nous n'aurions rien entrepris si nous n'avions pas eu la foi en la justesse de nos idées. »

Robert Schuman,
Pour l'Europe, 1963.

« Je ne serai pas candidat à l'élection présidentielle. Ma décision a été réfléchie. Je la crois responsable. Je ne veux ajouter ni division ni confusion au contexte politique actuel. Par sa violence, la crise qui touche aujourd'hui la France et l'Europe imposera une autre pratique de la politique. Il faudra inventer, sinon une forme d'union nationale, du moins un consensus pour redresser le pays. C'est peut-être un rêve de centriste mais, fort de vingt ans d'expérience en tant que maire et ministre, c'est le sens de mon combat. En 2012, il ne faudra pas d'homme providentiel mais une addition de volontés et de talents.

J'ai toujours avancé plein d'espoir, loin des idées convenues et convenables, hors des chemins traditionnels. C'est un atout et c'est une force. Libre et engagé, loin de toute posture, je continuerai à me battre. Seuls les résultats comptent. Nous sommes au pied du mur. »

Jean-Louis Borloo,
Libre et engagé, 2011.

AVANT-PROPOS

Bon nombre de Français ont salué sa sagesse. D'aucuns, comme moi, ont regretté son choix. Mais personne n'aura pu reprocher à Jean-Louis Borloo un appétit démesuré et surfait pour la charge présidentielle, un ego exagéré pour se lancer à la conquête de la fonction suprême. Comme sur bien des dossiers, l'ancien ministre de Jacques Chirac et de Nicolas Sarkozy a agi avec clairvoyance. Visionnaire ? Je ne sais pas. Mais celui qui s'est aujourd'hui retiré de la scène politique pour se consacrer au chantier de sa vie, l'électrification de l'Afrique, avait senti depuis bien longtemps la crise qui touche notre pays, la révolte montante des quartiers, des campagnes, de la classe moyenne inférieure précarisée, de celles et ceux dont le travail ne suffit plus à maintenir un niveau social désormais jugé insuffisant. Avant les Gilets jaunes. Il avait sans doute noté, avant beaucoup d'autres, la radicalité qui s'impose dans notre société, voire la violence des rapports de force et de l'opposition entre ses maillons structurants. Exacerbation des relations entre alliés de la mondialisation et victimes des populismes, entre gagnants de la financiarisation et perdants du travail, entre républicains intransigeants et communautaristes insidieux, entre Français natifs et étrangers, entre disciples aveugles des politiques simplistes et démagogiques et porte-voix de la nuance, de l'équilibre…

A l'instar de Jean-Louis Borloo, je suis convaincu de l'impérieuse nécessité d'un changement dans la pratique politique de demain. Les représentants du peuple devront opérer un virage à 360 degrés s'ils espèrent restaurer un sentiment de légitimité et récupérer la confiance de leurs concitoyens. Cette affirmation n'a rien d'original ; nombreux sont les commentateurs à avoir alerté sur la défiance entre les citoyens et leurs élus – lit de tous les extrémismes – sans pour autant que les avertissements ni les résultats électoraux successifs ne créent d'électrochoc auprès des principaux intéressés et des machines institutionnelles. Je le dis gravement : l'avenir de notre démocratie dépendra de notre capacité à remettre en question le système politique en France et en Europe et de la réactivité des parlementaires à apporter bientôt, par la loi, les réformes structurantes qui s'imposent, tant sur la question de la transparence de la vie publique que d'une inévitable sobriété.

En 2017, Emmanuel Macron s'est présenté devant les Français comme le pourfendeur de la vieille politique, avec une énergie pétillante et une stratégie, basée sur une communication nouvelle, qui ont achevé les codes et détruit les repères de l'ancien système. En bouleversant l'échiquier, il prétendait dépoussiérer les institutions et créer un appel d'air dans la représentation nationale. En mettant aux manettes une équipe renouvelée, tellement fraîche que ses adversaires se firent un malin plaisir à l'accuser d'amateurisme, il n'est pas parvenu à instaurer la crédibilité souhaitée. Le marketing de départ était réussi. Mais très rapidement, le vernis s'est craquelé laissant apparaître les limites du "nouveau monde". A tel point que la bonne volonté – et même le talent – de certains "marcheurs" ont été relégués au second plan… Pour incarner la fonction présidentielle,

Emmanuel Macron a cru bon d'installer une distance maladroite entre les Français et lui, plus perçue comme l'arrogance d'un jeune prodige jupitérien inexpérimenté que comme la discrétion orthodoxe d'un chef. Il a progressivement tenté de gommer son libéralisme anglo-saxon en endossant des habits gaulliens qui ne lui siéent pas toujours. Nos pairs ne se sentent pas représentés par ce jeune loup de 42 ans, élu pour la première fois le 7 mai 2017 sans jamais avoir rempli de mandat local, ni par de nouveaux parlementaires dont l'ascension rapide a pu leur faire tourner la tête et adopter parfois des comportements insanes. L'opposition, les autres partis, auraient tort de penser qu'ils sont à l'abri de la révolte populaire et du désenchantement des Français. Pour avoir participé, directement ou implicitement, à des décennies de gabegie obscène, pour avoir, par leur silence complice, entretenu ce système opaque de l'entre-soi et des petits privilèges, ils se retrouvent aujourd'hui tous au pilori ! Transformer la donne nécessitera de l'honnêteté et du courage.

Oui, la France et l'Europe ont besoin urgemment de nouvelles pratiques politiques, diamétralement démocratiques. Non, notre pays ne mérite pas plus de divisions que les déchirures qui meurtrissent actuellement notre contrat national. Le peuple de France demande des élus qui lui ressemblent, tout au moins qui le comprennent sincèrement, intimement. Qui sachent de quoi est fait son quotidien. Des élus locaux qui aient le pouvoir d'agir. Des élus nationaux qui se connectent aux territoires. Des territoires forts dotés de moyens et de prérogatives pour répondre efficacement aux problèmes de leurs habitants…

C'est ce que ce livre tentera de défendre avec humilité et dans un souci de partage, d'enrichissement. Parce que l'ouvrage n'est pas facile, nulle question de le cacher ! Il sera long et laborieux, parfois frustrant. Des compromis seront nécessaires quand d'autres positions devront se montrer fermes et intraitables. On tentera toujours de chercher le consensus afin d'atteindre un juste équilibre. Nous devrons nous montrer convaincus et convaincants. Les pages suivantes n'ont pas la prétention de traiter de manière exhaustive l'intégralité des sujets qui nous touchent. Elles sont un simple éclairage de mes rencontres et réflexions sur des thématiques qui me sont chères. Avant d'aller plus loin dans la lecture de cet ouvrage, l'honnêteté m'oblige à clarifier un point. Je milite à l'Union des Démocrates et Indépendants (UDI) dont je partage la vision et bon nombre de positions. J'en expose d'ailleurs certaines dans ces pages. Toutefois, les réflexions que je vous propose, leur ton et les prises de position sont absolument personnelles et n'engagent en rien l'UDI. Il conviendra de les compléter, de les rectifier, collectivement. Alors, sans attendre, osons faire pour sauver notre vivre-ensemble et protéger notre démocratie. La hauteur de notre ambition sera notre rédemption à l'égard de notre si chère République. Nous n'avons plus le choix. Osons avant qu'il ne soit trop tard !

Nous, politiques, montrons l'exemple !

Pendant des décennies, le sujet est resté latent, mis en exergue essentiellement par les extrêmes de ce pays. Dans les familles françaises, les repas servaient à dénoncer ces « *salauds de politiques qui s'en mettent plein les poches* ». Souvent, cela en restait là, à la marge. Jusqu'à l'émergence de la vague des Gilets jaunes, symptomatique d'un ras-le-bol, d'une accumulation d'aigreur, d'un trop-plein de rancœur, de défiance, d'inconsidération à l'égard de la représentation nationale, de violences incontrôlées et parfois contradictoires… Installé dans les rues et sur les places françaises depuis plus d'un an, ce mouvement protéiforme, quoiqu'on en pense, a cristallisé la désignation d'un mal qui ronge notre démocratie et ses plus hautes institutions : le train de vie démesuré de nos gouvernants et leur manque d'exemplarité.

Oui, à l'heure où le gouvernement cherche partout des économies et demande des efforts aux Français, l'Etat doit montrer l'exemple et faire le nettoyage de certains privilèges obscènes ancrés entre les murs des palais de la République ! Si cela ne résoudra pas la question de la dette ni enrichira nos concitoyens, il est des symboles qui ont leur importance et avec lesquels on ne lésine pas, d'autant plus à notre époque. Aucune réforme ne peut être comprise sans signal fort des sphères dirigeantes et représentatives, c'est à dire tant que le faste de l'intendance publique ne sera pas réformé. Courage à celui ou celle dont la force d'argumentation arriverait à nous faire accepter les 26 000 euros[1] qu'a coûté, en trois mois, la maquilleuse d'Emmanuel Macron à l'Elysée… soit un revenu de plus de 8 600 € mensuel ! Un an avant, le *Canard enchaîné* avait dévoilé le salaire du coiffeur personnel de François Hollande : près de 10 000 euros brut par mois, payés par le contribuable. L'affaire François de Rugy,

---

[1] Montant facturé par la maquilleuse du Président de la République en 2017, trois mois après son élection.

dite du Homardgate, est un autre de ces exemples insupportables qui ternissent durablement la crédibilité de l'élite politique. Ce cas médiatique a beaucoup fait parler de lui, à juste titre. Pour autant, il n'est que la mise en lumière de pratiques "ordinaires" dont certains élus du peuple profitent au quotidien. Et, après tout, qui ne le ferait pas ? Il est bien agréable de se laisser griser par l'univers feutré des salons ministériels ou du Parlement, dignes de palaces ou d'hôtels 5 étoiles, bercés par des huissiers en queue de pie, nœud papillon blanc et chaîne au plastron. De partager des tables éblouissantes, couvertes de chair exquise, de vins prestigieux, et dressées par des maîtres d'hôtel au ballet spectaculaire. L'art de recevoir à la française, les ors de la République, la magie de la France.

Il ne s'agit pas de tout dénigrer. René Dosière, ancien député de l'Aisne et spécialiste de la gestion des finances publiques, traque depuis de nombreuses années les dépenses de l'Elysée, du gouvernement et des parlementaires. Il reconnaît lui-même que l'Hexagone ne peut suivre le modèle de sobriété suédois, par exemple. Effectivement, à l'étranger, la France se doit de tenir son rang de référence en matière d'arts de la table et de gastronomie. Il est important qu'à l'occasion de certaines réceptions, notamment en l'honneur de chef d'Etats étrangers, notre cuisine, nos vins, nos cristaux, notre décor… bref, le savoir-faire français soit promu dans le monde entier. En revanche, comment expliquer que le Conseil Économique Social et Environnemental (CESE[2]), dont les assemblées n'ont lieu que deux fois par semaine, dispose d'un bureau de Poste, d'une salle de sport, d'une infirmerie avec un médecin de permanence, de trois restaurants dont un bar et de son propre kiosque à journaux ? Est-il légitime que les sénateurs aient droit, entre autres, à un accès gratuit à tous les transports parisiens, en plus de la première classe sur l'intégralité du réseau ferroviaire SNCF et d'un certain nombre d'allers-retours en

---

[2] Le CESE est la troisième assemblée de la République. Représentant la société civile, il conseille le Parlement et le gouvernement sur l'élaboration des lois et les orientations des politiques publiques.

avion ? La loi de moralisation de 2018 censée contrôler et assurer la transparence des dépenses des parlementaires, en supprimant notamment l'opaque et décriée IRFM[3], a finalement accouché d'une insipide mesurette. Au final, l'IRFM a changé de nom et s'est parée d'un simili cadre très… perméable. Sur l'avance mensuelle qui leur est désormais allouée (d'un montant équivalent à celui de la feue IRFM), députés et sénateurs peuvent dépenser entre 600 et 900 euros sans aucun besoin de justifier l'emploi de ces deniers publics, soit un total de 7 800 euros par an, non contrôlé et défiscalisé, pour les locataires du Palais Bourbon et 10 600 euros annuels pour ceux du Luxembourg. Il y a quelques mois, lors d'une rencontre en comité restreint, j'assistais, médusé, aux vantardises d'un député de la majorité, fier de renouveler régulièrement, grâce à cette enveloppe, sa collection de costumes dans les boutiques les plus chics de la capitale. La flexibilité de la prise en charge induite

---

[3] Indemnité de représentation de frais de mandat. En 2017, elle s'élevait à 5 372 euros net pour un député et 6 109 euros nets pour un sénateur.

par la loi de moralisation et l'absence de contrôle efficace permettra sûrement à cet élu, à l'éthique quelque peu discutable, de continuer à se faire plaisir…

Que dire des privilèges accordés aux anciens présidents de la République ? A titre d'exemple, messieurs Sarkozy et Hollande, retirés des affaires (publiques), touchent chacun une dotation d'environ 6 000 euros brut par mois, sans compter les éventuels salaires et pensions liés à d'autres mandats ou à des activités professionnelles. Membres de droit et à vie du Conseil constitutionnel, siéger au Palais Royal peut s'avérer très lucratif : 14 000 euros brut. En plus de bénéficier d'une protection rapprochée jusqu'à la fin de leur vie (deux fonctionnaires de la police nationale en permanence), les anciens présidents se voient offrir par l'Etat sept collaborateurs, les cinq premières années suivant leur "retraite", trois les années qui suivent. Leur conjoint(e) peut aussi bénéficier d'un collaborateur pour leur secrétariat personnel. Un ex-président dispose d'un appartement de fonction meublé et équipé dont la maintenance et les charges, y compris le téléphone, sont assumés par l'Etat. Deux employé(e)s sont affecté(e)s au service de cet appartement. Un ancien chef de l'Etat dispose d'une voiture de fonction et de deux chauffeurs. Il peut voyager gratuitement autant qu'il le souhaite sur Air France et avec la SNCF. Lors d'un séjour à l'étranger, il peut loger dans les résidences des ambassadeurs ou des consuls. Sur le territoire national, les chambres des préfectures lui sont ouvertes sans condition. Avant le départ de François Hollande, et le décès de Jacques Chirac, ces avantages offerts aux anciens présidents de la République coûtaient 10,3 millions d'euros par an à l'Etat français… Si la protection des hautes personnalités est importante, on ne peut pas logiquement s'opposer à la réduction drastique d'un bon nombre d'avantages en nature. C'est une question de bon sens.

De nombreux cabinets et assemblées disposent d'un parc de véhicules et de chauffeurs à disposition, sans parler du train de vie préfectoral qui, ne nous mentons pas, fait pâlir d'envie tout un chacun. Il est certain qu'une telle routine dorée, un tel décorum imposé par l'héritage français séculaire, vous fait progressivement perdre les pédales, vous éloigne de la réalité et du quotidien des Français. Déconnecté. Vous vous retrouvez rapidement délégitimé. Les Gilets jaunes avaient sans doute raison sur un point quand, au début de la révolte, ils rejetaient avec véhémence la taxe carbone. Qui, parmi nos gouvernants, fait son propre plein de carburant ? Qui, chez nos élites, s'intéresse au coût d'un déplacement, pendant qu'une multitude de Français calculent quotidiennement leurs frais de transport ? Pendant que nos concitoyens issus de territoires enclavés, éloignés de leur lieu de travail, n'ont d'autre choix que de rouler parfois des heures sur des routes en mauvais état, s'inquiétant de savoir combien de temps encore tiendra leur voiture d'occasion... Et si les politiques français prenaient plus souvent le bus ou le métro ? Ne seraient-ils pas plus à même de comprendre les enjeux des déplacements urbains, des transports en commun et de la sécurité ?

En Suède, simplicité et honnêteté sont les piliers de la vie politique. Seul le premier ministre dispose d'un logement officiel (payant) et d'une voiture de fonction. Tout écart, même minime, est sévèrement sanctionné. Les membres du gouvernement suédois, sans exception, déjeunent à la cantine et les repas sont frugaux : ni fromages, ni desserts ni alcool ! Un jet privé ? Une suite dans un palace ? Inconcevable selon la culture suédoise. A contrario, dans l'Hexagone, le député du Haut-Rhin Jean-Luc Reitzer a créé la polémique en 2018 en se plaignant de sa condition financière (5 300 euros mensuels) *« qui obligerait certains à manger des pâtes »*. Sortie hallucinante et obscène ! Nos concitoyens aux faibles revenus, forcés, eux, de servir des pâtes à leurs gosses à tous les repas pour ne pas finir dans le rouge, ont dû apprécier. Entendons-nous bien : je n'ai aucun goût pour la posture démagogique d'un François Ruffin[4] qui prétend, à qui veut l'entendre, qu'il vit très bien avec un salaire minimum. Non, on ne vit pas bien avec le SMIC. Et la charge de travail d'un parlementaire assidu à sa mission, dévoué à l'égard des habitants de sa circonscription,

---

[4] Député La France Insoumise (LFI) de la Somme.

justifie pleinement l'indemnité qu'il reçoit. Entre l'abstinence nordique et l'inconséquence d'un élu français sur orbite, il y a un grand pas, un équilibre à trouver. Je ne réclame pas d'ascèse monastique. J'exige – les Français exigent – de la décence, des comportements nouveaux dans la sobriété. L'exemplarité est finalement une valeur moderne digne de la politique de demain ; elle s'impose aux nouveaux représentants du peuple qui sortiront des urnes lors des prochains scrutins.

*

Décembre 2018. Réunion de travail dans mon T2 de Castanet-Tolosan avec deux amis journalistes. L'un collabore avec Mediapart, l'autre avec RTL Belgique. Nous avons débuté, il y a plusieurs semaines, une enquête aux quatre coins de la France pour donner la parole à celles et ceux que nous nommions à l'époque "les oubliés de la République". Avant que ne surviennent les Gilets jaunes. Nous avons des opinions politiques très différentes, c'est une chance pour alimenter notre travail, une opportunité pour forcer notre ouverture d'esprit et l'humilité. Nous nous rendons dans les quartiers, passons des heures dans les villages d'Occitanie, de Loire, dans l'Est de la France… Nous nous abreuvons du quotidien, de la réalité crue issue de l'intérieur, de ceux qu'on n'entend jamais, ou si peu. Nous interviewons des gens sans emploi, précarisés, des agriculteurs, des commerçants, des universitaires, des médecins, des gendarmes malgré leur devoir de réserve… Nous commençons enfin à sentir le pouls battant de la France.

Notre éditeur, emballé par notre projet, insiste pour donner une couleur jaune à l'ouvrage. Mes collègues et moi en discutons longuement. Si j'entends, bien sûr, les préoccupations légitimes surgissant, dès les premières semaines, du mouvement social, je reste sceptique sur les motivations intrinsèques, sur sa volonté de "non organisation", sur la radicalité de certaines positions largement relayées par des médias dont la recherche du buzz a supplanté la qualité de l'investigation. Finalement, après négociation, nous acceptons le contrat. Nous repartons avec entrain à la rencontre des Françaises et des Français de l'ombre, de ceux qui travaillent et restent éloignés des caméras. Jusqu'au jour où l'éditeur, pris par des préoccupations plus mercantiles, nous annonce, un brin gêné, la fin de notre collaboration... parce que Edwy Plenel[5] et un autre ponte médiatique de la presse parisienne ont décidé, dans la même période, de sortir des best-sellers sur le sujet. Stupéfaction ! Mes amis journalistes et moi faisons le point par téléphone. Ils sont découragés. Nous avons consacré des jours et des nuits à ce projet. Ils ont pris des risques professionnels, ont mis en quarantaine d'autres commandes. Personnellement, j'encaisse la nouvelle avec déception, certes, mais sans être trop étonné. J'ai, par le passé, déjà vécu des désillusions portées par le monde de l'édition... Subsiste, en chacun d'entre nous, une profonde amertume, non pas celle de ne pas avoir été édité, mais sûrement, absolument, celle d'avoir laissé croire, naïvement peut-être, à chacun de nos témoins, à toutes ces personnes dont

---

[5] Journaliste et directeur du site Mediapart.

nous avions libéré la parole, qu'elles l'auraient finalement, simplement inscrite à l'encre noire, mise en avant sur quelques étals de librairies.

J'ai beaucoup réfléchi à cette aventure avortée les semaines qui ont suivi. Je me suis remis en question. En continuant mes interviews aléatoires, je dépassais les ronds-points parsemés de couleur jaune. Je m'enfonçais dans les chemins de campagne. J'allais battre aux portes. Je tentais de me rendre au cœur du problème, ou du moins de ce que je croyais l'être. Le 10 février 2019, Sylvie et Bernard[6] m'ont ouvert leur maison et accueilli à leur table, de cet accueil simple et chaleureux qu'il en devient inoubliable. Le couple habite un patelin isolé de la Montagne Noire et tient le bar-restaurant du village voisin. Avant, son établissement était plein tous les midis. Depuis la fermeture de la carrière de pierre, les ouvriers manquent à l'appel et l'accélération de l'exode rural a amplifié la désertion de son commerce.

---

[6] Les prénoms ont été changés pour respecter l'anonymat des témoins.

Lorsque nous nous sommes rencontrés, la situation financière de l'entreprise était critique et les gérants n'étaient plus en capacité ni de se rémunérer ni de payer leurs créanciers. Au début, Sylvie s'est dite en faveur d'une révolution jaune *« même si ce n'est pas bien parce que ça fait des dégâts. C'est le retournement du petit peuple contre la finance »*, avant de prendre ses distances vis-à-vis du mouvement qu'elle considère trop disparate. Pourtant, des griefs, la chef d'entreprise en a. Beaucoup même. Travailleuse acharnée, elle ne demande généralement rien à personne. Quand son affaire a commencé à péricliter, Sylvie a tout essayé pour diversifier son activité mais la clientèle est restée timide. Elle a donc dû baisser ses coûts, revoir sa masse salariale, accepter une surcharge de travail afin de sauver le fruit de toutes ses économies. Simultanément, l'administration ne l'a pas épargnée. De taxes en cotisations, la gérante a même craint de *« ne faire que des chèques non approvisionnés »* qui auraient empiré sa situation auprès d'une banque qui ne la suivait plus. *« La banque m'enfonce, elle ne fait rien pour m'aider à sortir la tête de l'eau. Pire ! Ils s'intéressent même aux pierres de mon établissement. »*

Un jour, de retour de mes pérégrinations, je me suis arrêté sur un rond-point. Je me suis présenté, en toute franchise, comme un ancien journaliste qui n'a jamais perdu le sens de l'information et le goût de l'écoute, aussi comme un militant politique centriste. Après quelques sifflets et noms d'oiseaux, des « *Casse-toi sale traître !* », un début de conversation tendue s'est mis en place. Face à moi, mes détracteurs m'ont immédiatement catalogué d'imposteur, de serviteur du grand capital, de mouton de la macronie. Ils m'accusaient de ne rien connaître de leurs réalités, de la précarité qui gangrène une partie des classes moyennes et inférieures de notre société. « *Détrompez-vous*, leur ai-je répondu ! *Je sais ce que c'est que de vivre avec 1 200 euros par mois, ou encore moins, et de devoir sustenter un foyer avec si peu. Je connais intrinsèquement la dureté du RSA, la frustration humiliante de se sentir en marge, de refuser une sortie entre amis ou un voyage en famille parce qu'on n'a pas les moyens de se les payer. Je sais dans ma chair ce que c'est que de travailler 50 heures par semaine pour lancer son projet professionnel, sans appui ni soutien, de croire en nos campagnes et de vouloir y entreprendre malgré tous les obstacles qui s'imposent à vous. J'ai vécu cette amère et pesante réalité de devoir tout calculer et, malgré cela, de ne pas arriver à boucler les fins de mois…* » Quand j'eus terminé mon laïus, non sans émotion dans la voix, les quolibets avaient disparu laissant place à un profond silence interrogateur et stupéfait. Oui, face à moi, se tenait désormais une poignée de manifestants bouche bée, si étonnés de la sincérité de ma réponse contredisant leurs certitudes qu'ils en restaient sans réaction. Si je témoigne dans ces lignes de ce souvenir, c'est qu'il m'a profondément marqué. En quelques phrases, et sans doute avec beaucoup de sincérité, j'étais passé de l'infréquentable à celui qui était comme eux, pouvant a priori rejoindre leur communauté de destins, même s'ils ne comprenaient toujours pas mon positionnement politique. Pour eux, celui-ci était hors cadre. Dans leurs têtes, seul un homme de gauche ou défendant la

nation et – dans un aboiement simpliste –
le vrai peuple, pouvait leur ressembler.
Certainement pas un centriste. Car la
colère ne supporte pas l'équilibre, la
nuance. Il faut dénoncer radicalement ou
ne pas être. Après mon introduction, que
certains auraient qualifié de
mélodramatique alors qu'elle n'était que
vérité, un semblant de respect s'est imposé
à mon égard. Ce jour-là, j'ai réellement
compris la force de l'échange et l'absolue
nécessité d'humilité. Alors quand,
quelques semaines plus tard, j'écoutais un
jeune loup arrogant, fraîchement sorti de
Sciences Po Toulouse, collaborateur d'élu –
dont il s'agissait de la première expérience
professionnelle, aucune dans le privé –
m'affirmer qu'il était impossible de louer
un appartement T2 dans la ville rose à
moins de 900 euros par mois, j'ai d'abord
failli m'étouffer avant de réaliser la totale
déconnexion entre ce futur technocrate et
la réalité quotidienne…

Pour une écologie de bon sens sur nos territoires !

Du plus loin que je me souvienne, j'ai toujours été écologiste. Sans jamais comprendre pourquoi nous avions besoin d'un parti écolo pour défendre ce qui m'a toujours paru comme une évidence : la protection de notre environnement proche. Gamin, éduqué par une mère naturaliste et professeur des sciences et vie de la terre, par un père paysan forgé au bon sens de la terre nourricière, j'ai grandi concevant la nature comme l'élément de base et la béquille indispensable à l'évolution humaine. Le chevreuil qui trouvait refuge dans mon jardin était normal. Même le berger allemand de la propriété n'y trouvait rien à redire. La sittelle torchepot qui dévalait le bouleau devant ma fenêtre me faisait sourire et était la reine. Je n'aurais pour rien au monde voulu la déranger. Amoureux des oiseaux, donc, j'ai passé ma tendre jeunesse collé aux jumelles et aux longues vues admirant le voyage des oiseaux migrateurs. Dans les années 1990, j'occupais mon temps libre dans les plaines céréalières de Saint-Paul-Cap-de-Joux (Tarn) pour répertorier passereaux, rapaces et faune locale dans le cadre du programme Natura 2000. Quelques années plus tard, on me nommait administrateur de la Ligue pour la Protection des Oiseaux (LPO). Tout cela, du haut de mon jeune âge, me semblait logique.

J'écoutais les rivalités entre agriculteurs et défenseurs de l'environnement sans comprendre pourquoi les deux parties n'arrivaient pas à se mettre d'accord. Après tout, j'étais bien placé pour savoir qu'un agriculteur travaille avec l'amour de sa terre. J'étais déjà conscient de ce que mon père, mon grand-père faisaient et avaient fait pour nourrir les Français et d'autres populations qui me paraissaient si éloignées. Depuis ma naissance, j'évoluais au côté d'hommes et de femmes dont on disait qu'ils œuvraient pour garnir le grenier du monde. Dans les établissements scolaires et les chambres d'agriculture, on les incitait à produire, encore et encore, pour nourrir non seulement cette France sortie de la guerre, mais aussi la nouvelle Europe, et des pays lointains. Les banques encourageaient l'investissement, l'endettement… En 1967 déjà, le directeur d'une des chambres d'agriculture les plus riches de France, celle de Gironde, n'assénait-il pas aux futurs techniciens qui auraient pouvoir sur l'ensemble du monde agricole (chambres d'agriculture, moniteurs de maisons familiales rurales, organismes et coopératives agricoles, entreprises...) : « *Vous êtes de futurs techniciens agricoles, plus longtemps les paysans resteront naïfs, mieux cela vaudra pour vous !* » A l'époque, la doxa dans le monde agricole était claire : productivisme à fond, course aux rendements, technocratisation massive indiscutable, financiarisation du secteur inéluctable... Il fut décidé que le cheptel bovin français conserverait deux races de vaches, la Bretonne pie noir pour le lait – bientôt menacée par l'hollandaise Prim'Holstein, jugée plus productive – et la Charolaise pour la viande. Toutes les autres devaient disparaître.

Quelques décennies plus tard, mon voisin, jeune agriculteur, demanda à mon père, ancien conseiller agricole, de l'aider à faire sa demande de DJA[7], une aide à

---

[7] Dotation jeune agriculteur.

l'installation non négligeable puisqu'elle avoisinait, à l'époque, 300 000 francs. Pour faire cette demande, il était au préalable nécessaire de monter une Étude Prévisionnelle d'Installation (EPI), au terme de laquelle l'exploitant agricole devait prouver être en capacité de dégager un chiffre d'affaire de 70 000 francs par Unité de Travailleur Homme (UTH). Associé à son père, mon voisin devait donc montrer comment l'activité de sa ferme allait rapporter 140 000 francs… Après deux tentatives vaines malgré des ajustements répondant aux critères de sélection, le jeune exploitant accepta, in fine, de contracter un emprunt bancaire, ce qu'il refusait jusque-là. Il fit un prêt de 600 000 francs. Son dossier de demande de DJA fut alors accepté immédiatement...

Dans les prochaines pages[8], nous verrons combien la politique agricole commune européenne a jusqu'ici incité à une agriculture productiviste et valorisé un système aberrant, inadapté à la diversité de nos reliefs et territoires français. Dans notre région, comme dans d'autres, certaines exploitations

---

[8] Lire le chapitre Relançons l'Europe !

s'étendent sur plus de 200 hectares avec, aux manettes, seuls un ou deux agriculteurs, là où, à une certaine époque, subsistaient plusieurs familles et autant de travailleurs. La course au rendement, la baisse effrénée des prix, une mécanisation incontrôlée des engins agricoles dont l'acquisition est financièrement toujours plus insoutenable, l'abandon de la ruralité – en particulier des catégories socioprofessionnelles hors agriculture – par les pouvoirs publics… en sont les causes. Et les conséquences ne sont pas mirobolantes : des investissements hors normes effectués grâce à un endettement préoccupant, de très faibles revenus pour la majorité, une activité chronophage à l'extrême. Ajoutez à cela une relation d'incompréhension, voire de conflit, entre agriculteurs dits conventionnels et "néoruraux", et désormais une méfiance généralisée de la population à l'égard des premiers, accusés d'empoisonner nos assiettes et notre environnement… Non, vraiment, leur situation n'est pas enviable ! Alors, bien sûr, certains ont changé de prisme et vivent bien, normalement. Les centres de formation agricole commencent timidement à promouvoir un autre type d'agriculture, moins dépensier, des pratiques plus raisonnées et innovantes, respectueuses de la terre et de l'environnement. Je pense à cet éleveur de brebis laitières du Haut Dadou (Tarn), à la tête d'une exploitation moyenne (moins de 100 hectares) qui bénéficie donc de primes inférieures à l'une de ses voisines dotée d'une plus grande superficie. Cet agriculteur transforme le lait de ses bêtes en fromages et autres produits lactés. La qualité de ses produits n'est plus à démontrer, il vend en circuit court et la grande distribution lui fait même confiance. Il reçoit le public à la ferme et a développé des activités pédagogiques qui participent directement à la promotion de ses produits. Il cultive lui-même le fourrage servant à nourrir ses brebis. Pour diminuer les coûts de carburant et les frais liés au séchage, il sèche son foin grâce à l'air chaud qui circule sous le toit de sa bergerie : cette technique novatrice a le mérite d'être moins énergivore ; de produire des fourrages d'excellente qualité et, par conséquent, de limiter l'utilisation de compléments alimentaires de type soja brésilien ; enfin, de permettre une meilleure santé et longévité des animaux. Finalement, en bénéficiant de moins d'aides européennes qu'un "gros éleveur", mais en valorisant mieux le lait de ses bêtes, le fromager vit confortablement et fait vivre six employés dans une région touchée par l'exode rural où les embauches ne courent pas les rues…

Les territoires ruraux ne devraient pas être des territoires de seconde zone. "Ne devraient pas" car, d'un fait malheureux, ils le sont. Leurs habitants n'ont pas les mêmes accès aux services publics, aux transports en commun, à la téléphonie et au numérique alors qu'ils s'acquittent des mêmes impôts ! Le développement des territoires ruraux passe par cette couverture téléphonique et numérique. Le débat ne date pas d'hier. Malgré les promesses des gouvernements successifs, malgré quelques aménagements de zones blanches trop lents par-ci, par-là, les campagnes françaises souffrent encore aujourd'hui, majoritairement, de la fracture numérique. En 2019, l'association de consommateurs UFC-Que Choisir estimait que 6,8 millions de Français étaient encore privés d'un accès de qualité minimale à internet. *« Déjà confrontées au recul des services publics ou à la fracture sanitaire, les zones rurales sont celles qui subissent davantage les effets de la fracture numérique »*, estimait l'association qui s'inquiétait par ailleurs des retards pris dans le déploiement de la fibre et de l'écart de plus en plus important existant sur le débit disponible entre villes et campagnes. Les communes les plus rurales subissent, en moyenne, des débits 43 % plus faibles que les villes de plus de 30.000 habitants. En outre, l'entretien des réseaux existants est, dans bien des contrées, scandaleusement absent. Dans certaines communes habitées majoritairement par une population vieillissante, il n'est pas rare que les coupures de téléphone et d'internet durent plusieurs jours d'affilée et se répètent dans la saison. Comment assurer dans ce cas la protection légitime que nous devons à nos concitoyens les plus fragiles, déjà éloignés des professionnels de santé et des services d'urgence ? A bien des endroits sur nos territoires, ce manque d'entretien des infrastructures, cette absence de considération, s'apparente à de la non-assistance à personnes en danger ! Dès 2016, la Région Occitanie annonçait vouloir s'attaquer au fléau de la fracture numérique et mobiliser une enveloppe de 200 millions d'euros pour soutenir les projets départementaux de création de réseaux très haut débit dans les zones délaissées, partout sur son territoire. Force est de constater que le résultat n'y est pas ! La majorité socialiste a eu beau communiquer pompeusement sur l'action et les objectifs de la stratégie numérique régionale, notamment dans l'accompagnement et les mutations économiques, bon nombre de citoyens resteront sur leur faim en 2021, au terme de la mandature. Pourtant, le réseau de communication à haut débit est un vecteur économique et social essentiel des zones rurales. Que ce soit pour le développement des PME existantes, l'installation de nouveaux professionnels, d'indépendants ou de salariés en télétravail, l'accès aux offres et demandes d'emploi, la réalisation de démarches administratives, etc… il est indispensable d'en finir une bonne fois pour toutes avec les zones blanches. Une politique courageuse et volontariste dans ce sens participe du maintien de l'activité et du repeuplement de nos campagnes. Elle est un gage du respect des libertés, celle de travailler et de vivre où l'on veut sur le territoire national, celle d'accéder à des services publics modernes et de qualité quelle que soit sa commune ou le nombre d'habitants, celle de jouir pleinement de la justice sociale. Parce que la ruralité a tant d'atouts, et pas seulement pour l'agriculture et le tourisme vert (même si ces secteurs sont fondamentaux pour l'économie locale), nous devons faire marche arrière sur des décennies d'exode rural et d'incitation à la concentration urbaine. Nous devons permettre aux Françaises et Français qui le souhaitent de rejoindre la campagne, en facilitant leur installation et en assurant la connexion avec leurs réseaux, en améliorant considérablement les infrastructures routières et les transports en commun là où c'est nécessaire, en stoppant l'hémorragie financière imposée aux communes rurales via les baisses continues et drastiques des dotations de l'Etat. A ce sujet, nous devons redonner un véritable rôle aux maires et aux communes. Ces dernières se sont vues dépossédées, en particulier par la loi NOTRe de 2015, de plus en plus de compétences au profit des intercommunalités. Je suis favorable à la réhabilitation des communes, à la fin des intercommunalités rurales dernière version, inefficaces et dispendieuses – alors qu'on nous avait vanté la mutualisation et le transfert de compétences sous l'argument des économies réalisées ; sur le terrain, il n'en est rien – et à la reprise de pouvoir par les conseils départementaux : eux aussi, au fil des ans, ont été mis à nu. La perte par les premiers édiles de leur capacité de gestion est une dépossession démocratique qui, en outre, coûte cher aux contribuables. Prenons l'exemple de cette petite structure touristique située dans un village impacté par la mutation intercommunale. Après la réforme territoriale de 2015, elle a vu sa taxe d'ordures ménagères grimper de 87 à 366 euros en 2018, soit une hausse de 321 % ! Sur la même zone, un simple foyer de deux habitants a subi une hausse de cet impôt de 34 %.

A la campagne, le maire rassure, il est LE référent ; la commune, le seul lien direct avec le citoyen. Si on rompt ce lien, la confiance disparaît et de lourds problèmes surgissent. S'il y a bien une chose que la crise des Gilets jaunes nous a apprise, outre afficher au grand jour les fortes disparités entre territoires ruraux et urbains, c'est bien celle-ci. Redonnons donc aux maires la fierté qui leur est due.

Oui, il y a un lien entre écologie et équilibre des territoires, entre protection de l'environnement et vitalité des campagnes. Première mondiale, un incubateur de start-ups doit ouvrir ses portes cette année dans la petite cité médiévale de Saint-Bertrand-de-Comminges, au pied des Pyrénées haut-garonnaises. L'objectif est d'accueillir chaque année une trentaine de jeunes entreprises ancrées dans le réel des territoires et capables d'inventer des solutions innovantes au service de la ruralité. La Résidence ambitionne de devenir un véritable laboratoire réunissant des porteurs de projets qui créent des alternatives aux modes de production et de consommation existants. Quatre thèmes devraient ainsi être développés : mobilités, alimentation, énergies et production locale. Les campagnes ne peuvent ni se résoudre à devenir des zones désaffectées ni se limiter à servir de refuge pour résidents secondaires. Elles doivent retrouver leurs forces d'antan en s'appuyant sur les énergies et les spécificités locales, en valorisant les filières naturelles. Ces dernières seront les sources abondantes de l'économie de demain, en particulier dans les secteurs de l'énergie et de l'agroalimentaire.

Le 26 juillet 2019, un rapport[9] remis à Jacqueline Gourault, ministre de la Cohésion des territoires et des Relations avec les

---

[9] Rapport "Ruralités : une ambition à partager".

collectivités territoriales, détaillait 200 mesures d'accompagnement des zones rurales pour améliorer la vie des habitants. Parmi elles, la lutte contre l'isolement. Les auteurs du rapport, cinq élus ruraux, incitent à créer des lieux de vie comme des cafés dans les villages. Selon eux, il faut aussi garantir l'accès à un socle de service universel à moins de 30 minutes de trajet. Pour les familles et les jeunes, les écoles maternelles et primaires ne doivent pas être à plus de 20 minutes du domicile. Pour lutter contre les déserts médicaux, le rapport préconise également de rendre obligatoires les stages des internes en médecine en milieu rural ce qui représenterait l'équivalent de 3 000 médecins immédiatement disponibles. Pour convaincre les Français tentés par une nouvelle vie au vert, les élus demandent le maintien du prêt à taux zéro en secteur rural mais aussi l'exonération de cotisations foncières des entreprises dans les communes de moins de 3 500 habitants. Des mesures sont aussi proposées pour lutter contre le chômage massif sur ces territoires… Dans leur conclusion, les rapporteurs appellent *« à une véritable rupture dans la conception des politiques publiques qui ont trop longtemps privilégié une approche centrée sur l'urbain »* et *« à replacer les territoires ruraux et leurs habitants au cœur de notre projet collectif »* afin de relever deux grands défis : la lutte contre le changement climatique et l'adaptation de notre modèle productif et de lutte contre les inégalités sociales et territoriales. Ces propositions, supposées nourrir un "Agenda rural" pour rendre nos villages et campagnes plus attractifs, seront-elles prises en compte par le gouvernement ? Il serait enfin temps !

Nous devons faire des territoires des lieux de création de richesse, d'échanges et de vie qui soient plus autonomes, plus conscients de leurs atouts cachés, plus souples dans leur gouvernance, pour être en capacité de créer une économie "mixte", au sens où une partie de cette économie est réorganisée localement, en réseau, ou en relation à une métropole et ne dépend pas en totalité des flux et des règles du marché mondial[10]. L'autonomisation des territoires est nécessaire. Tous disposent d'actifs cachés à mettre en valeur ; c'est sur

----

[10] LAVAYSSIÈRE, Adrien ; JAGU, Catherine & DE MASSOL, Florence (2020). « #LeMondeDaprès et les Territoires », in *Osons le Progrès*.

cette conviction que des systèmes agricoles locaux ont réussi à se structurer et à survivre par la constitution de coopératives et d'AMAP, pérennisant le modèle paysan ; c'est sur cette conviction que certains "déserts médicaux" ont créé des maisons de santé, permettant de pallier le manque du système de soin et de relancer l'attractivité du village accueillant, érigeant ainsi une nouvelle centralité.

La question du rééquilibrage des territoires est globale. Outre les enjeux économiques et sociaux, s'invitent ceux du dérèglement climatique qui, même si nous arrivons à le contenir, aura des impacts durables, diversifiés et brutaux sur nos territoires : aléas météorologiques, recul du littoral, productions agricoles diminuées, émergence ou arrivée de nouvelles maladies (maladie de Lyme, chenilles processionnaires, dengue…), effondrement de la biodiversité, diminution des ressources en eau… Le combat contre le réchauffement climatique n'est ni de gauche ni de droite. Il est civilisationnel.

Evidemment, les villes et les zones périurbaines ne sont pas exemptes de l'effort écologique. L'enjeu y est même crucial, l'urgence avérée. L'aménagement du territoire doit être un ensemble homogène, cohérent, un équilibre sain et durable. Les mobilisations citoyennes pour le climat, les élections successives de ces dernières années, la campagne puis les résultats du premier tour des municipales du 15 mars dernier… positionnent clairement les questions écologiques en tête des préoccupations des Français. Nous, responsables et militants politiques, devons entendre l'appel de nos concitoyens et porter des propositions ambitieuses, réalistes et efficaces. A Toulouse, le sujet est d'autant plus fondamental que son aire urbaine est l'une des plus attractives de France avec près de 19 000 nouveaux habitants par an. Selon les projections démographiques de l'INSEE, ce sont 553 000 habitants supplémentaires qui pourraient vivre d'ici 2050 sur le Grand Bassin Toulousain, un bassin comprenant les aires urbaines de Toulouse et celles[11] situées au maximum à une heure de la ville rose. Dans ces conditions, la gestion du réchauffement

---

[11] Aires urbaines de Montauban, Gaillac, Albi, Lavaur, Carcassonne, Auch, Foix, Saint-Gaudens.

climatique et des pollutions urbaines est évidemment une priorité. Depuis plusieurs années, la saturation routière est un problème majeur dans la quatrième ville de France. Au scrutin municipal dernier, j'ai soutenu le maire sortant. Ses six dernières années, il a rééquilibré un budget exsangue laissé par son prédécesseur socialiste, a renfloué l'épargne que l'équipe municipale précédente avait vidée. Il a mis à la tête de l'opérateur de système de transport public Tisséo un homme compétent et respecté. Jean-Luc Moudenc a réellement donné un cap à Toulouse ! Le grand parc solaire installé il y a quelques mois près de l'Oncopole, plus grand projet de ce type en France, va sans aucun doute dans le bon sens. Oui, je soutiens le projet de Central Park toulousain sur l'île du Ramier, véritable poumon vert qui apportera confort et plaisance aux habitants et aux visiteurs. Mais l'honnêteté m'oblige à dire que les solutions de Jean-Luc Moudenc sur les mobilités du quotidien ne sont pas à la hauteur de la situation. A l'heure où les adeptes de déplacements doux se multiplient dans notre ville, les infrastructures adaptées manquent cruellement. A la sortie du confinement, en pleine crise du coronavirus, Toulouse connaît, à l'instar des autres grandes villes, une accélération importante du nombre de cyclistes et de vélos vendus. En cause, le contexte viral et la peur d'utiliser les transports en commun. C'est le moment d'avoir un choc d'offre et de demande sur le vélo. Je suis convaincu, par exemple, de la mise en place d'un plan ambitieux qui protège réellement les utilisateurs de deux-roues et promeut largement l'intermodalité. Le palmarès des villes cyclables (édition 2019), publié par la Fédération française des usagers de la bicyclette, a émis un avis "plutôt défavorable" à la ville rose qui se retrouve en huitième position dans le top 11 des communes de plus de 200 000 habitants. Toulouse a obtenu l'an dernier une note globale de 2,88 sur 6 contre 3,01 lors du dernier palmarès en 2017. Les voies cyclables méritent d'être davantage protégées, de grands parkings à vélos sécurisés doivent voir le jour. Si le projet de Réseau express vélo (REV) est une bonne ébauche, les deux voies circulaires prévues intra-muros sont clairement insuffisantes. Profitons de cette période inédite pour transformer les pistes cyclables temporaires, créées dans l'urgence de la pandémie, en voies fixes et pérennes.

Comme le propose l'eurodéputé Pascal Canfin[12], le plan de relance européen, prévu pour répondre aux conséquences économiques de la crise du Covid-19, peut financer 25 000 kilomètres consacrés au vélo sur le continent. Il reste encore beaucoup à faire dans ce domaine et un des aspects non négligeables consiste à accompagner les usagers dans leurs déplacements quotidiens : des actions de sécurité routière sont indispensables tant pour sensibiliser les automobilistes que les cyclistes et les utilisateurs de trottinettes eux-mêmes. En effet, on assiste encore à trop de comportements insouciants, à de nombreuses incivilités dans les rues ou sur les trottoirs, à des attitudes dangereuses pour tous !

Face au réchauffement climatique et à la hausse des températures estivales, la végétalisation urbaine ne peut se limiter à un gadget marketing. En partenariat avec les promoteurs immobiliers, les entreprises, les bailleurs sociaux, je propose de développer

---

[12] Sarah PAILLOU, « Pascal Canfin : "Il faut investir 25 milliards dans la transition écologique" », *Le Journal du Dimanche*, 31/05/2020.

massivement les jardins urbains, essentiellement sur les constructions modernes. Ces derniers favorisent la biodiversité et luttent efficacement contre les îlots de chaleur. Un mur extérieur végétal, par exemple, assure la purification de l'air, la rétention d'eau, une température environnante inférieure et une régulation thermique. En soutenant la filière et des événements d'envergure mettant en avant des expériences courageuses telles que le "Bosco verticale" ou la forêt urbaine de Milan, notre région inscrirait notre territoire dans la créativité et l'audace salvatrices du XXIème siècle.

Plus personne ne doute – du moins je l'espère – que les circuits courts sont cruciaux pour l'avenir de la planète. Plus que jamais, le consommateur veut se réapproprier son assiette et connaître l'origine des aliments qui la composent. Il ne se satisfait plus de subir sa consommation, il souhaite en devenir acteur. Il est indispensable d'amplifier le lien entre le monde agricole et les citadins. Des initiatives existent déjà, il conviendra de les développer. D'amener l'agriculture au cœur des villes. Prenons exemple sur nos cousins canadiens ! Les Québécois sont friands de produits alimentaires locaux. Des PME montréalaises travaillent à les rendre plus accessibles, notamment pour des clientèles défavorisées et dans les "déserts alimentaires", des zones abandonnées par les grandes surfaces. Leur objectif : mettre en valeur des espaces urbains inutilisés et les transformer en potagers. A Montréal, on ne compte plus le nombre de jardins associés à des écoles, à ses centres hospitaliers et même à des entreprises, comme celui que l'on retrouve au 11ème étage de l'édifice Sun Life[13] ou celui situé à côté du Centre Eaton[14], dont la production est entièrement acheminée vers des banques alimentaires. Pour les gestionnaires, c'est à la fois une question d'engagement communautaire et une initiative pour réduire les îlots de chaleur en ville. En installant des potagers dans les établissements scolaires, les entrepreneurs, en lien direct avec les équipes éducatives, offrent aux élèves ainsi qu'à leurs familles de véritables programmes pour les

---

[13] L'édifice Sun Life est un des immeubles les plus prestigieux de Montréal. Propriété de la compagnie d'assurances Sun Life pendant plusieurs décennies, l'édifice demeure un bâtiment d'affaires.

[14] Centre commercial de Montréal.

initier à l'agriculture et à une alimentation saine. Les denrées sont remises aux familles qui participent à l'initiative. Avec une devise : *« Cultivons pour donner un sens à l'avenir »*. En 2018, la presse outre-Atlantique s'est fièrement faite l'écho de l'expérience lancée par l'enseigne commerciale IGA. Ce supermarché est devenu le premier au Canada – et l'un des seuls au monde – à vendre ses propres légumes cultivés sur son toit, mais aussi à utiliser l'eau provenant de son système de déshumidification pour faire fonctionner un système d'irrigation. Un potager de plus de 2 300 mètres carrés, une trentaine de variétés de fruits et légumes certifiés biologiques et vendus sur les étals du magasin quelques mètres plus bas, sous la jolie appellation "Frais du toit", ainsi que huit ruches produisant quelques 600 pots de miel… Cette démarche écologique novatrice combine les avantages connus des toits verts et une production locale bio. Le toit potager a en outre permis de créer 2 emplois à temps plein. L'agriculture urbaine est une des solutions proposées par l'ONU pour faire face aux défis de sécurité alimentaire et d'urbanisation du XXIème siècle. Selon la FAO[15], elle serait déjà pratiquée par plus de 700 millions de citadins dans le monde. A l'heure où les villes ne cessent de croître, l'agriculture urbaine est plus que jamais une actualité. En réduisant le transport et les emballages, en encourageant la biodiversité, elle est bénéfique à l'environnement. Quiconque jardine retrouve non seulement un pouvoir sur son alimentation mais aussi une place sociale au sein de la communauté. Les jardins partagés ou communautaires sont propices aux échanges de savoirs, aux liens intergénérationnels. D'intéressants programmes peuvent utiliser l'agriculture urbaine pour atteindre leurs objectifs d'insertion et de cohésion sociale. Enfin, ces modes de production ont un apport sous-estimé à la sécurité alimentaire des villes. C'est ce que dévoile une recherche récente du Laboratoire québécois sur l'agriculture urbaine. Pour Eric Duchemin, son directeur et professeur associé à l'Université du Québec à Montréal (UQAM), l'agriculture urbaine est bien plus que du loisir. *« On le dit depuis*

---

[15] *Food and Agriculture Organization* : Organisation des Nations Unies pour l'alimentation et l'agriculture.

longtemps et de multiples recherches que nous avons menées montrent que les enjeux alimentaires sont centraux à la pratique de l'agriculture urbaine. Si les programmes des jardins communautaires sont dans les directions des loisirs dans les municipalités, c'est plus une question historique. Dans les années 80 et 90, les villes ont tout simplement donné la gestion des programmes aux services des loisirs et tranquillement on a cru qu'un potager était comme une piscine, un terrain de football. Toutefois, cela change. » La situation actuelle entourant la crise du coronavirus, les craintes de pénuries aggravées par le confinement et la fermeture des marchés de plein vent, soulève des enjeux alimentaires et des questions. Le rôle que jouent les jardins urbains, collectifs et individuels, dans l'approvisionnement alimentaire disponible pour la population en est une. Selon les différents sondages diffusés depuis plusieurs années, entre 35 et 50 % des Québécois pratiquent l'agriculture urbaine. Alors, pourquoi ne pas appliquer un tel exemple en Occitanie, en Haute-Garonne, à Toulouse… ? Pourquoi ne pas se retrousser les manches, associer les secteurs public et privé, les entreprises, les établissements scolaires, les bailleurs sociaux, les collectivités locales, les associations, pour amorcer cette vague verte nécessaire, accessible et durable ? Sur les toits des immeubles et des grandes surfaces, dans la cour des écoles, au cœur des quartiers, sur les bâtiments administratifs, nous pouvons largement verdir nos villes sans craindre pour le cachet de notre patrimoine architectural.

Nous devons accélérer la transition énergétique et la croissance verte. Le manque effarant de matériel médical et paramédical mis en lumière par la crise sanitaire de ces derniers mois – et l'obligation de se fournir en Chine ! – est révélateur de la désindustrialisation de notre pays. Depuis plus de 30 ans, la France a abandonné ses capacités industrielles au profit de l'économie virtuelle, financiarisée. Depuis 1998, la part de la valeur ajoutée industrielle dans le PIB a baissé de 30 % en France, contre 5 % en Allemagne. La reconquête économique qui s'annonce douloureuse passera par la production industrielle en France, par un véritable soutien et la valorisation de nos PME et de nos entreprises de taille intermédiaire. La

France et l'Europe doivent réorienter une grande partie de leurs investissements vers les technologies vertes, la recherche et développement, la qualification et la formation aux nouveaux métiers… Les grands pays émergents ont déjà amorcé le virage. La Chine est aujourd'hui le premier producteur mondial de panneaux photovoltaïques. Allons plus loin, plus vite, vers une énergie renouvelable et plus sûre ! Comme le soulignait à juste titre Jean-Louis Borloo[16], ancien ministre de l'Ecologie, de l'Energie et du Développement Durable, instigateur du Grenelle de l'environnement, l'objectif consiste à mettre un terme à notre dépendance au pétrole et au nucléaire. La question énergétique concerne directement le niveau de nos émissions de gaz à effets de serre, mais aussi le pouvoir d'achat des Français, la compétitivité de nos entreprises et le développement économique de nos territoires. Elle a des répercussions sur la construction et le bâtiment, sur nos politiques technologiques et de recherche et

---

[16] Borloo, J-L. (2011) La reconquête en France… In *Libre et engagé*. Paris : Plon. P. 174-180.

développement. Elle implique de raisonner de façon globale en actionnant tous les leviers en même temps : fiscalité, recherche, aménagement du territoire, formation aux nouveaux métiers (concepteurs, installateurs, artisans, ingénieurs). Notre défi collectif sera de réduire la part du nucléaire dans le mix énergétique, sans pour autant augmenter nos émissions de CO_2. Il nécessitera de se confronter au lobby nucléaire, bien en place depuis l'accélération du programme électronucléaire français dans les années 1975, et de travailler intelligemment avec l'ensemble des producteurs d'électricité. L'Allemagne développe les énergies renouvelables mais malheureusement aussi l'importation de gaz. Pour notre part, nous ne devons pas remplacer le nucléaire par du charbon ou du pétrole particulièrement polluants et rester prudents en matière de gaz, en refusant catégoriquement le gaz de schiste. La réduction, voire la sortie, du nucléaire doit se faire de manière assumée, responsable, progressive et étalée dans le temps. Elle ne peut menacer la compétitivité de nos entreprises et le pouvoir d'achat des

Français. Rappelons qu'avec 80 % d'électricité d'origine nucléaire et une facture électrique inférieure de 50 % à celle de notre voisin d'outre-Rhin, la France constitue un pays à part…

Vivre en sécurité,
vivre ensemble

Dans une société, les besoins de sécurité proviennent de l'aspiration de chacun d'entre nous à être protégé physiquement ou moralement. Dans le monde incertain dans lequel nous vivons, ce souhait se transforme souvent en sentiment légitime et omniprésent. Parfois obnubilant. Quand est survenu l'attentat du Bataclan, le 13 novembre 2015, je dirigeais une répétition de théâtre à Recife, au nord-est du Brésil. Chaque semaine, j'insufflais à mes élèves l'amour de la langue française, de la "grande Paris" qu'ils rêvaient tous de découvrir de leurs propres yeux, de nos territoires et de leur patrimoine. D'un regard admiratif, ils avaient la fâcheuse tendance à me mettre sur un piédestal et me nommaient pompeusement "o Doutor francês". Ce vendredi 13 novembre au soir, celui qui leur semblait si fort, imperturbable, est tombé… en pleurs. Celui qui représentait à la fois une destination lointaine rêvée pour certains, une nation inébranlable pour d'autres, a craqué et dévoilé sa fragilité. Ce 13 novembre 2015, quand 130 de mes compatriotes sont tombés sous les balles de fanatiques religieux, mes amis brésiliens m'ont relevé. Ils m'ont protégé moralement à l'heure où, comme tout Français, je craignais pour la vie de mes proches, de ma famille. Le terrorisme, tel que nous l'entendons, est une inconnue sociologique au Brésil. D'abord incrédules, mes élèves ont suivi, médusés, les images que retransmettaient les réseaux sociaux. Et m'ont couvert de leur bienveillance et de leur amitié à ce moment précis où, impuissant, mon cœur débordait d'amertume et de culpabilité. Pour panser cette sensation étrange que l'on ressent quand on est loin de chez soi, à l'autre bout du monde, j'ai rejoint quelques jours plus tard la commémoration des Français expatriés au Pernambouc[17], moi qui évitais raisonnablement les réunions de la communauté française au Brésil par crainte de l'entre-soi. J'avoue que ce regroupement patriotique, cette union de

---

[17] Etat du nord-est du Brésil.

valeurs communes, notre communauté de destin, m'a fait un bien énorme, à défaut de pouvoir partager le deuil national auprès des miens. Alors quand, le 14 juillet 2016, à l'occasion de la réception officielle organisée pour la Fête nationale au Fort des Cinq Pointes, j'ai informé Bruno Bisson, Consul général de France, de la nouvelle attaque terroriste dont notre pays venait de souffrir, sur la Promenade des Anglais à Nice, je n'ai pas flanché. Je me souviens lui avoir chuchoté la nouvelle à l'oreille, il s'est paralysé. Hôte de la soirée, le diplomate allait démarrer son discours inaugural deux minutes plus tard… Pour ma part, je restais stoïque, plus que jamais amoureux de mon pays. Avec, toujours, ce goût amer dans la bouche, celui de l'impuissance, celui qui nous appelle, inconsciemment, à rentrer, à rejoindre la France.

Quand François Hollande s'est exprimé devant le Congrès de Versailles, j'ai soutenu, dès le départ, l'extension de la déchéance de nationalité à tous les criminels terroristes[18], en l'occurrence aux binationaux nés en France, et son inscription dans la Constitution. J'ai défendu l'instauration du crime d'indignation nationale pour les terroristes mononationaux. Ces mesures relèvent du bon sens. Quand on attaque la France, quand on commet des crimes contre son peuple, quand on tente de faire plier par les armes la Nation au bénéfice d'une puissance ennemie, on ne mérite pas d'être Français ! Je suis très clair sur ces questions d'autorité. Le fait de déchoir de la nationalité française les individus quittant notre territoire pour rejoindre une filière djihadiste permettrait de contrôler plus efficacement leur retour dans l'Hexagone. Il est dommage que, face au manque d'union nationale sur le sujet, la réforme constitutionnelle de 2016 n'ait abouti. Cette

---

[18] En France, la déchéance de nationalité est prévue à l'article 25 du Code Civil : peuvent être déchus les individus condamnés pour une atteinte aux intérêts fondamentaux de la Nation, pour un acte de terrorisme, ou qui se sont livrés au profit d'un Etat étranger à des actes préjudiciables aux intérêts de la France. Toutefois, la loi Guigou de 1998 limite la déchéance aux Français naturalisés depuis moins de 10 ans, ou 15 ans en cas de terrorisme…

révision aurait par exemple été l'occasion d'inscrire dans le marbre l'obligation de bracelets électroniques aux personnes assignées à résidence dans le cadre d'affaires terroristes. Le 24 septembre 2019, trois femmes djihadistes accompagnées de leurs neuf enfants, membres de la famille des frères Clain, ces voix françaises de l'Etat islamique originaires de Toulouse, étaient de retour en France… Depuis 2014, ce sont près de 300 individus arrêtés qui ont été rapatriés en France dans le cadre du protocole Cazeneuve[19]. L'Intérieur et la Justice de notre pays ont nul besoin de ces surcoûts ! Contrairement à la Garde des Sceaux, Nicole Belloubet, dont les tergiversations trahissent l'incohérence de sa position, je suis farouchement opposé au rapatriement des terroristes de Daech sur le sol français. Seuls les enfants, premières victimes de la radicalisation religieuse, ont besoin d'être pris fidèlement en charge par la solidarité

---

[19] Protocole mis en place en 2014 par l'ancien ministre de l'Intérieur Bernard Cazeneuve, en coopération avec la Turquie, où transitent la plupart des jihadistes prisonniers. Il prévoit la sécurisation du transfert par l'envoi de policiers français en Turquie chargés d'accompagner, pendant le voyage, les prisonniers.

nationale. Si nous voulons éviter au maximum le risque de récidive et celui d'une contagion djihadiste en prison, nous ne pouvons pas juger ces criminels en France. Si les conditions ne sont pas requises pour mener leur procès à bien dans les tribunaux locaux où ils ont été capturés, les djihadistes français doivent être judiciarisés par une juridiction ad hoc sous l'égide des Nations Unies. Aucune nation n'accueille de bonne grâce des prisonniers terroristes et fanatiques ! La communauté internationale n'évitera pas la création d'un tribunal international et de centres pénitentiaires adaptés et isolés des populations civiles.

Depuis 2012 et les attentats de Mohamed Merah puis la mise à jour de la fameuse filière djihadiste d'Artigat, en Ariège, Toulouse est identifiée par les forces de l'ordre et les professionnels du renseignement comme un foyer important de l'islam radical en France. Ces derniers observent une propension de la mouvance salafiste à installer ses idées dans les quartiers, à faire du prosélytisme sur les marchés ou sous couvert d'associations. Dans certains lieux, les intégristes règnent en maîtres. Par-ci, un cafetier se voit empêché de servir de l'alcool, par-là un autre est prié d'interdire à son épouse d'être derrière le comptoir. Des restaurants à kebabs sont fermement "invités" à diffuser Al-Jazzera sur les écrans de leurs commerces plutôt que NRJ 12. Les propos tendancieux véhiculés par des écoles coraniques ou le sport dans lequel rampe parfois la violence du radicalisme, sont montrés du doigt. L'Occitanie serait davantage concernée par l'islam radical que la région PACA, Toulouse plus touchée que Marseille. Pour les enquêteurs, la ville rose est une base arrière et financière du djihadisme. La filière d'Artigat d'Olivier Corel, surnommé "l'Émir blanc", en est la preuve : elle a formé des djihadistes partis combattre au cœur de l'État islamique, à des postes clés de l'organisation terroriste. Ce fut le cas de Fabien Clain, porte-parole de Daech et voix de la revendication des attentats du 13 novembre, à Paris et Saint-Denis. Il existe une forte porosité avec le trafic d'armes et de stupéfiants pour assurer le financement du djihadisme. Cette montée en puissance du radicalisme islamiste dans notre région, éclairée par les témoignages inquiétants des forces de l'ordre présentes sur le terrain, est la responsabilité de toutes les institutions qui ont, des années durant, agi par naïveté – dans certains cas, par cynisme et électoralisme – et acheté la paix sociale en laissant les autorités religieuses régler les phénomènes de petite délinquance. Sur cet aspect précis, je ne peux m'empêcher de faire le parallèle entre cette situation – la hausse du contrôle religieux sur les populations de certains territoires de notre République – et les quartiers défavorisés du Brésil, abandonnés par l'État et où les églises évangéliques rigoristes se développent à une rapidité vertigineuse, laissant les démographes prévoir que ce courant religieux prendra le pas sur le catholicisme dès 2030 dans le plus grand pays catholique au monde[20]. Je me souviens de ma rencontre avec Cesar Romero Jacob. Ce professeur de sciences politiques à l'université pontificale catholique de Rio de Janeiro m'expliquait les raisons de la fin du monopole catholique au profit des évangélistes : les périphéries de Rio et de São Paulo sont des terres de migrants intérieurs, en provenance du nord-est mais surtout d'Amazonie, du centre et de l'ouest du

---

[20] Lire à ce sujet l'excellente enquête réalisée par la journaliste Lamia Oualalou, dans son livre : *Jésus t'aime ! La déferlante évangélique* (éditions du Cerf, 2018).

pays, régions où la frontière agricole est sans cesse repoussée, le long de l'arc de la déforestation. Ces migrants sont arrivés par millions ces trente dernières années, alors même que l'État entrait en crise et s'avérait incapable d'accompagner leur insertion dans ce nouveau paysage social. Dans les banlieues de ces métropoles brésiliennes, l'État est inexistant et l'Église catholique très peu présente. C'est une aubaine pour la religion évangélique qui s'est engouffrée dans la brèche. *« C'est la ségrégation, et non la pauvreté, qui constitue le principal terreau de croissance des évangélistes »*, analyse Cesar Romero Jacob. A bon entendeur !

Lancés par le gouvernement français en 2018, les "Quartiers de Reconquête Républicaine" se veulent une réponse ferme à la délinquance. *« C'est un message adressé à tous les caïds, à tous les marchands de haine, et tous ceux qui croient tenir les murs de quartiers*[21]. *»* Depuis le début de l'opération, 47 sites – sur 60 prévus d'ici la fin du quinquennat – en proie à la délinquance et aux trafics de drogue

---

[21] Déclaration de Christophe Castaner, ministre de l'Intérieur, à Dreux le 08/02/2019.

se sont vu affecter des moyens supplémentaires. A Toulouse, un seul quartier, celui du Mirail, a été retenu par le dispositif. Au vu de la réalité du quotidien, de la violence des actes, des règlements de comptes entre bandes rivales et des nombreux assassinats qui en découlent, le choix de la place Beauvau paraît très sous-estimé, déconnecté, la réponse très maigre… C'est surtout oublier les habitants des quartiers des Izards, de Bagatelle, de la Reynerie, d'Empalot, victimes d'une hausse de la délinquance sans précédent ces dernières années et d'une nouvelle génération, jeune et dangereuse, de caïds qui mettent à mal quotidiennement leur tranquillité. Si le déploiement de la Police de sécurité du quotidien (PSQ) sur le quartier du Mirail, soit 30 agents, semble faire ses preuves, il a indéniablement entraîné un transfert de la délinquance au nord de la ville. De source policière, on assiste à une intensification des trafics sur d'autres zones, comme les Izards-Trois Cocus et Borderouge. Ces deux quartiers à la croissance démographique importante connaissent en effet un regain de violences, des fusillades parfois mortelles. Une situation qui n'est pas nouvelle mais qui s'accentue de manière préoccupante. Pour faire face à la "guerre commerciale" opposant des dealers autoproclamés maîtres de leurs territoires, les syndicats de police réclament 150 à 200 policiers supplémentaires répartis sur l'ensemble de la ville de Toulouse. Autant dire que nous sommes, à ce jour, loin du compte…

Très loin du compte même si on se réfère aux préconisations de Jean-Louis Borloo, ancien ministre de la Ville, rendues à l'exécutif le 26 avril 2018. Un véritable "plan de bataille en faveur des banlieues françaises" commandé par le Président de la République et honteusement enterré dans la foulée. Son ambitieux projet, élaboré avec les élus locaux du pays, avait pourtant trouvé un consensus à peu près partout… sauf auprès d'Emmanuel Macron. Selon l'auteur, spécialiste de l'aménagement urbain et de la cohésion sociale, il est urgent d'agir fermement pour la sécurité et la justice. Dans son rapport, il recommandait l'affectation d'un fonds exceptionnel de sécurité doté de 100 millions d'euros aux 60 villes les plus en difficultés. Les moyens alloués devaient conforter l'action des polices nationale et municipale. Jean-Louis Borloo préconisait également le déploiement de *« 500 correspondants de nuit supplémentaires sur des postes d'adultes-relais, pour contribuer à une politique de tranquillité publique ou pour venir structurer les initiatives associatives* ». Une attention particulière serait portée sur le recrutement et la formation de ces correspondants de nuit. L'embauche de « *200 femmes relais* » était également recommandée. Il estimait en outre nécessaire de « *relancer, dans le cadre de la coproduction de sécurité, les instances de dialogue avec les communes et intercommunalités et les contrats locaux de sécurité, financés par le FIPD*[22] ». La délinquance n'est ni immobile ni immuable. Parce qu'en matière de sécurité, les décisions doivent être prises au plus près du terrain et des réalités quotidiennes de chaque territoire, je propose que soient mis en place des États généraux de la sécurité et du vivre-ensemble à l'échelle du département. Il ne s'agit pas d'instaurer une grand-messe inefficace, mais de rassembler l'ensemble des acteurs pour, non seulement dresser un état des lieux fiable des situations locales, mais surtout repérer les difficultés et

---

[22] Fonds Interministériel de Prévention de la Délinquance.

les points de blocage, imaginer les moyens préventifs et coercitifs afin de s'adapter aux mutations de la délinquance et répondre efficacement aux situations de crise. Ces réunions ne devront pas se limiter aux services de l'État et à l'équipe municipale concernée, mais pourront compter sur la participation des associations de quartiers, des bailleurs sociaux, des représentants des forces de l'ordre, des élus départementaux, des agents de l'Éducation nationale... bref des forces vives de la Nation qui ont un rôle à jouer dans le mieux-vivre ensemble. Autre proposition du rapport Borloo : créer une fonction de "médiateur" avec les citoyens au sein de la police nationale, avec des délégués locaux, notamment déployés en zone police de sécurité du quotidien. Cette mesure aurait l'intérêt de prévenir, de filtrer et de déminer en amont les petits conflits. La moitié des quartiers prioritaires de la ville n'ont pas d'éducateurs de prévention adaptés : il faut aussi investir massivement dans ce domaine. Outre le renforcement des effectifs spécialisés (grande délinquance, drogue, marchands de sommeil...) dans les services judiciaires des

DDSP[23], il convient de modifier les règles de gestion et de rémunération pour fidéliser les agents les plus expérimentés dans les commissariats concernés par les interventions en zones sensibles. Développons les cycles de recrutement des policiers directement dans les quartiers, y compris les cadets de la République et les adjoints de sécurité, mais pas seulement : il est important que les Services départementaux d'incendie et de secours embauchent massivement des volontaires issus de ces mêmes quartiers pour devenir pompier tout comme les différents corps militaires y trouveraient leurs futurs engagés.

Le plan Borloo met aussi le paquet sur l'éducation, l'encadrement scolaire et périscolaire, et la formation dans les quartiers prioritaires de la ville. Afin de promouvoir les talents des quartiers, il propose notamment la création de l' "académie des leaders", une nouvelle grande école sur le modèle de l'ENA, destinée à alimenter les trois fonctions publiques, mais avec des critères de sélection différents. Une façon de faire émerger une

---

[23] Directions Départementales de la Sécurité Publique.

nouvelle élite, et de sortir de l'entre-soi des hauts fonctionnaires aux parcours et origines sociales similaires. 500 jeunes par an, à parité parfaite seraient sélectionnés, et bénéficieraient du statut de fonctionnaire stagiaire de l'ENA, avec une rémunération équivalente. A l'issue de la scolarité, ils auront l'obligation de servir dans une des trois fonctions publiques pour une période minimale de 10 ans. Le paquet doit aussi être mis sur l'apprentissage, le soutien à l'initiative économique, la création massive d'emplois francs… Jean-Louis Borloo appelle à juste titre à un "big bang institutionnel" et à un total changement de méthode dans la rénovation urbaine. *« Ma conviction est qu'on peut réussir à redresser les quartiers, et vite, à condition de se doter d'un plan de bataille rédigé et que chacun rende des comptes. (...) L'Etat doit se recentrer sur sa mission essentielle : sécurité publique, justice partout. Ces quartiers ont besoin en priorité de la protection nationale. Si on ne fait rien, il sera trop tard. Ce sera irréversible. »*, lançait l'ancien maire de Valenciennes en avril 2018 à l'occasion de la remise de son rapport sur les banlieues. Evidemment, cette "révolution" urbaine a un coût : l'auteur du rapport l'estime à 48 milliards d'euros (près de 10 milliards annuels sur cinq ans). C'est le prix de l'égalité républicaine et de la réconciliation nationale ! Un montant accru par quatre années d'inaction, de paralysie bureaucratique. Certains adeptes du maintien du statu quo invoqueront l'impossibilité de financer un tel programme, surtout en cette période de récession économique due à la crise du coronavirus. Mais la sécurité de tous, l'état régalien et la ghettoïsation de nos quartiers ne peuvent en aucun cas être les variables d'ajustement budgétaire de l'économie française. D'ailleurs, il ne s'agit pas de débourser 48 milliards d'euros de fonds publics mais de créer un tiers de confiance, l'équivalent de la Caisse des Dépôts, pour agréger toutes les contributions, notamment privées. La rénovation urbaine a été beaucoup financée par les locataires des HLM par exemple, via les bailleurs. Il conviendra d'activer, de créer si nécessaire, les outils d'incitation fiscale permettant la participation massive des secteurs privés et financiers au pot commun. Néanmoins, avant tout autre étape, un prérequis urgent s'impose : revoir le fonctionnement de l'Agence nationale pour la rénovation urbaine (ANRU) qui, d'un projet prometteur et efficient, s'est mué, au fil des ans, en un énorme scandale imputé à la désinvolture et à la bureaucratisation de Bercy. D'où la nécessité de créer la Cour d'équité territoriale chère à M. Borloo, une nouvelle juridiction qui vérifierait si les politiques publiques donnent des résultats probants, et les sanctionnerait le cas contraire. On sortirait ainsi de l'hypocrisie actuelle, des effets d'annonces grandiloquents qui se dissolvent avec le temps, l'inertie des administrations et l'inaction de certains responsables. La vertu de cette Cour serait de réformer les administrations, réorganiser les moyens des ministères régaliens et, in fine, lutter contre la décrédibilisation de la parole politique.

*

La première mission de l'Etat est de protéger. Or, les Français ne se sentent plus en sécurité. Et je ne parle plus là de terrorisme. Le pays est sous tension, divisé comme rarement. Pendant plus de 15 mois, avant l'instauration du confinement, nos rues ont été le théâtre de violences inédites. L'insécurité ne se résume pas aux zones de non-droit. On assiste à une explosion de violence depuis quatre ou cinq ans. En 2018, notre département a connu une hausse des violences physiques ; les agressions sexuelles ont, elles, augmenté de 17,6 %. Selon la Direction départementale de la sécurité publique de la Haute-Garonne, la délinquance des mineurs est en forte hausse : en zone police, ils représentent plus de 21 % des personnes mises en causes. Outre le fait d'avoir plus de policiers et de gendarmes sur le terrain, c'est le manque criant de moyens qui fait défaut. Nos forces de l'ordre sont sous-équipées. Elles ont pourtant besoin de moyens pour être réellement efficaces. Le ministre de l'Intérieur, Christophe Castaner, a pourtant taillé massivement dans les moyens de la police : des coupes conséquentes, d'une centaine de millions d'euros, concernant aussi bien l'achat de véhicules que la rénovation des commissariats, étaient prévues dans le projet de loi de finances pour 2020.

Protéger, c'est assurer la sécurité mais aussi la justice ! Comme beaucoup de Français, je déplore l'absence de positions claires et fortes en matière de justice pénale. Trop de crimes et de délits n'ont pas la réponse pénale qui s'impose, c'est à dire une sanction immédiate et proportionnelle aux actes commis. Nous devons assumer la doctrine de l'impunité zéro. La France est championne du non-recouvrement des amendes et de la non-exécution des peines. Fin 2017, seules 25 % des amendes prononcées l'année précédente en matière de vols, d'escroqueries ou de stupéfiants ont été recouvrées… Pour rendre la justice plus efficace, il ne s'agit pourtant pas de révolutionner l'arsenal pénal, bon nombre d'outils législatifs pour l'exécution des peines existent déjà. Commençons par les appliquer ! Comme l'a rappelé, à très juste titre, le président des Hauts-de-France, Xavier Bertrand, dans les colonnes du Journal du Dimanche[24], la question des saisies, par exemple, est révélatrice d'un dysfonctionnement administratif : les magistrats peuvent saisir le scooter d'un dealer, la voiture de sport d'un trafiquant ou la camionnette qui va servir à

---

[24] Christine OLLIVIER et Pascal CEAUX, « Xavier Bertrand attaque le bilan sécuritaire de Macron : "Les Français ne se sentent plus protégés" », *Le Journal du Dimanche*, 01/02/2020.

un dépôt sauvage dans la nature. De fait, ils n'y ont que très peu recours car le ministère ne leur donne pas les moyens de payer la fourrière avant que la vente du véhicule réquisitionné ne soit effective. Sur un autre plan, les comparutions immédiates doivent devenir la règle. Il est insupportable de voir se répéter des scènes où des individus interpellés sont relâchés dans la nature après leur garde à vue, puis récidivent, faute de procès rapide et de sanction ferme. Emmanuel Macron s'était engagé à créer 15 000 nouvelles places dans les centres pénitentiaires. Pour camoufler une promesse non tenue, sa Garde des Sceaux, Nicole Belloubet, a décidé de vider les prisons : les condamnations inférieures ou égales à un an seront dispensées d'incarcération, sans alternatives sérieuses offertes aux magistrats pour l'aménagement des peines. Une mesure dont l'effet pervers garantira le retour d'un sentiment total d'impunité chez les délinquants et qui, en l'état, n'assurera pas la réinsertion nécessaire des individus concernés. En deux mots, de l'amateurisme.

Travailler ?
A la conquête de notre liberté !

J'ai eu l'occasion de l'exprimer au fil de ces lignes. Les questions du travail et de sa reconnaissance, du véritable mérite relèvent, pour moi, de valeurs cardinales. J'entends par "véritable mérite" celui qui se paie au prix de nombreux efforts et de questionnements, de remises en cause, et qui se gagne grâce à l'espoir, la pugnacité, l'esprit d'ouverture et une certaine humilité. Le mérite se calcule à l'audace, à la prise de risques. Est méritant celui qui ose se jeter vers l'inconnu, non pas de manière irréfléchie, bien au contraire, en ayant trimé sur toutes les composantes et les limites de son projet, en bordant les sécurités nécessaires mais en acceptant de s'ouvrir aux zones d'ombre étrangères à ses propres certitudes et convictions. *« Nul ne sait nager avant d'avoir traversé, seul, un fleuve large et impétueux ou un détroit, un bras de mer agités. Il n'y a que du sol dans une piscine, territoire pour piétons en foule* », poétisait Michel Serres[25]. Pour le philosophe, aucun apprentissage n'évite le voyage. Voyager même si ce n'est que pour traverser la rue, découvrir, écouter, se laisser guider, se former et finalement s'enrichir. Échouer aussi. L'échec est méritant, bien sûr, tant qu'on s'est donné les moyens de la réussite... Se renouveler nécessite aussi une dose de créativité. Je suis un fervent défenseur de la récompense au mérite, pas du faux-semblant franco-français qui consiste à ériger endogamie et réseautage en synonymes de "mérite républicain". Dans l'ascension sociale, professionnelle et politique, nous avons laissé s'enkyster le dogme de l'entre-soi. Que ce soit à la tête de l'Etat ou dans certaines baronnies politiques locales, le copinage prospère sans inquiétude et complique la promotion de militants valeureux, de citoyens compétents. C'est un défi pour la démocratie et la richesse du débat. Malgré les promesses du candidat Macron, cette logique de l'entre-soi est loin d'avoir été remise en cause par le "nouveau monde". Loin s'en faut.

---

[25] Serres, M. (1992). *Le Tiers-Instruit*. Paris : Gallimard.

J'assume le fait d'affirmer que le travail est une voie de conquête de notre liberté et de notre indépendance, n'en déplaise à certains penseurs libertaires. Qu'il soit rémunéré ou bénévole au service d'une association, qu'il s'agisse de salariat ou d'entrepreneuriat, la création de valeur ajoutée émancipe son auteur. Seul celui ou celle qui a connu le chômage, le sentiment d'inutilité, le doute sur ses propres compétences et le refus répété de recruteurs autocentrés sur leurs uniques besoins économiques, peut ressentir dans sa chair la nécessité vitale de se révéler utile à la collectivité. Ce que j'appelle la "désagrégation sociale" d'un individu consiste à un processus de désocialisation selon lequel la mise à l'écart prolongée du système productif s'accompagne d'un traumatisme psychologique (perte de confiance, découragement, isolement, rancœur), voire de comportements dangereux pour sa santé (inactivité physique, alcoolisme, addictologies). Se laisser happer par ce cercle vicieux est aisé, même – surtout ? – quand on a toujours été actif ou voulu travailler. L'accompagnement par l'autorité publique au retour à l'emploi n'est pas seulement une nécessité pécuniaire pour l'intéressé.e ni une considération comptable pour les courbes de Pôle Emploi ; il est une urgence indispensable pour son bien-être physique et mental ! Parmi la myriade de dispositifs existants, il ne faut retenir que ceux qui ont fait leur preuve et nettoyer le reste. N'hésitons pas à inventer de nouveaux outils efficaces, qui créent du lien et offrent une réelle chance de réinsertion sociale et professionnelle à nos compatriotes éloignés du marché du travail, en particulier les chômeurs de longue durée.

Dans un triple souci d'adaptabilité aux besoins économiques, de resocialisation et de valorisation de ses propres compétences, je propose la création du Projet d'Insertion et de Participation (PIP). Mis en place entre le chômeur et Pôle Emploi, ce contrat interviendrait après une phase de recherche active d'un emploi par l'intéressé, si possible dans son domaine d'activité ou dans un secteur de reconversion choisi. Après plusieurs mois de démarches infructueuses, le demandeur d'emploi se verrait proposer la signature d'un PIP : l'individu travaillerait pour le compte d'une association de loi 1901 ou d'une collectivité territoriale et continuerait, en contrepartie, à toucher l'intégralité de son allocation chômage. En outre, il recevrait de la structure d'accueil une indemnité mensuelle complémentaire. A l'instar du Service Civique pour les jeunes, le Projet d'Insertion et de Participation permettrait de s'engager, par exemple pour une période de 6 à 12 mois, dans une mission en faveur de la collectivité. Celle-ci pourrait être effectuée dans neuf grands domaines : culture et loisirs, développement international et action humanitaire, éducation pour tous, environnement, intervention d'urgence en cas de crise, mémoire et citoyenneté, santé, solidarité, sport. L'encadrement serait assuré par un référent associatif, en lien avec le conseiller Pôle Emploi, qui garantirait, entre autres, la présence et la participation effective du candidat aux missions confiées ainsi que son évolution au sein de la structure. Le PIP, c'est la possibilité, pour le candidat, de vivre de nouvelles expériences, de côtoyer un univers différent et de nouvelles personnes, de s'ouvrir à d'autres horizons… C'est la possibilité de recevoir et de transmettre le sens des valeurs républicaines et de contribuer au renforcement du lien social. C'est également une opportunité de développer ou d'acquérir de nouvelles compétences, de sentir que, finalement, on en est capable !

D'ailleurs, ce programme ne devrait pas se limiter aux chômeurs recevant l'allocation d'aide au retour à l'emploi (ARE) : il pourrait concerner les bénéficiaires des minima sociaux (RSA, allocation aux adultes handicapés) qui, dans le cadre d'un aménagement spécifique, donneraient quelques heures par semaine de leur temps libre à la collectivité nationale. Le système d'aides sociales français est un des plus généreux du monde. Les dépenses de prestations sociales représentent 32 % de notre richesse nationale, là où elles s'élèvent à 27 % du PIB en Allemagne et seulement 21 % aux Etats-Unis. Cette générosité est normale, elle est un outil primordial de réduction des inégalités entre les plus riches et les plus pauvres de nos concitoyens. Elle doit être préservée. Mais comme dans tout système sain et équilibré, elle demande une contrepartie. La Nation est généreuse avec nous. Soyons-le avec elle ! Contribuons à l'effort collectif ! Elle ne mérite pas d'entendre des affirmations capricieuses du type "les prestations sociales, c'est mon droit !" quand le phraseur n'a jamais rien construit pour elle. Il s'agit sans doute d'une évidence, parfois nécessaire à rappeler : avant d'avoir des droits, chacun d'entre nous a des devoirs. Je me rappelle cette anecdote qui a eu le don de me mettre hors de moi, un soir d'octobre 2019. Je rencontre Pablo[26], réfugié politique colombien arrivé en France il y a plusieurs années, installé à Toulouse depuis quelques mois. Il m'explique consacrer encore ses journées à étudier le français... Son statut lui permet de bénéficier du RSA, soit 559 € par mois. Il habite dans un HLM pour lequel il touche l'APL, j'en ignore le montant. Ses frais de santé sont, très logiquement, couverts par la protection universelle maladie (PUMA). Jusqu'ici, rien ne me choque. A l'écoute de son histoire, je me dis même que Pablo a eu plus de chance dans sa demande d'asile que bon nombre de ces destins immigrés, à la situation critique pour la plupart, que j'ai rencontrés et ai accompagnés, pour certains d'entre eux, dans les dédales sinueux de l'administration française. Le ressortissant colombien possède un visa américain. Et, subitement, d'un air fanfaron, il se vante de voyager en Floride et de visiter régulièrement ses amis grâce aux

---

[26] Le prénom a été changé pour respecter l'anonymat du témoin.

prestations sociales françaises... Face à une telle vantardise que je considère déplacée, et bien que doté d'un certain sens de la psychologie humaine, je ne peux m'empêcher de lui rétorquer ma désapprobation. A laquelle il répond par un laconique : « *c'est mon droit !* » Certes, Pablo a le droit d'utiliser son argent comme bon lui semble, même si, au vu de sa situation, l'affichage de ses voyages répétés et opportunistes me paraissent d'une obscénité irrationnelle. Ce qui me dérange le plus, dans cette affaire, c'est qu'il ne mette pas un peu à profit son temps pour aider une association – dans son ensemble, le vaste réseau associatif de notre pays manque cruellement de ressources humaines porteuses de nouvelles compétences – et ainsi remercier la générosité nationale dont il bénéficie.

Pour les primo-arrivants sur le territoire français, la priorité reste leur apprentissage de notre langue, l'acquisition des valeurs et des principes républicains, des codes culturels français. Ils doivent, au cours des premiers mois de leur séjour, se concentrer sur ces enseignements. Je profite de ce paragraphe pour souligner l'investissement des formateurs civiques œuvrant pour l'Office

Français de l'Immigration et de l'Intégration (OFII). Il est pourtant regrettable que, faute de moyens adaptés – le contrat d'intégration républicaine auquel est soumis le primo-arrivant se résume à 4 journées de formation collective –, les résultats en matière d'intégration et d'adhésion aux valeurs françaises ne soient pas toujours au rendez-vous. Une fois ces prérequis remplis, le PIP se révélerait une extraordinaire opportunité d'insertion sociale et professionnelle, de développement des compétences. Accéder à un emploi est, avec la maîtrise de la langue, le facteur clé pour une intégration pleine et entière.

*

L'univers de la formation professionnelle en France est une véritable usine à gaz. Alourdie par une bureaucratie paralysante, elle ne permet pas suffisamment l'élargissement des compétences et la reconversion professionnelle d'une majorité de nos concitoyens. Si les entreprises françaises sont parmi celles en Europe qui consacrent la part de leur masse salariale la plus importante à la formation continue, dans le cadre d'un système mutualisé dans lequel l'Etat joue un rôle très important (trop important ?), force est de constater que son accès reste inégalitaire. En effet, ce sont les salariés les moins qualifiés qui ont le moins accès à la formation professionnelle continue. Ce n'est pourtant pas faute d'en avoir envie : 72 % des employés du commerce veulent se former, soit autant que les cadres de ce secteur, selon les résultats d'une recherche menée en 2017 par le Centre d'études et de recherches sur les qualifications (Cereq). Mais bien peu vont au bout de leur projet. Ainsi, seuls 23 % d'entre eux vont entamer une démarche pour solliciter une formation, contre 50 % des cadres. « *Le contexte de l'entreprise et ses pratiques en matière de formation et plus largement de ressources humaines jouent un rôle majeur* », souligne l'étude. L'existence d'entretiens consacrés spécifiquement à la formation, la latitude laissée au salarié pour se prononcer sur le contenu des formations, la qualité de l'information sur le sujet vont ainsi favoriser, ou non, l'expression des demandes. Le Cereq montre également que les cadres bénéficient plus souvent de formations « *de motivation* », tenant compte de leurs souhaits, quand les salariés les moins qualifiés reçoivent des formations davantage liées à leur activité et qu'ils ressentent comme imposées. En outre, les formations sont de plus en plus courtes, spécifiques à l'entreprise et rarement orientées sur l'obtention d'un diplôme ou d'un titre professionnel. Or, développer des compétences qui ne peuvent s'exercer que dans son entreprise et sur son poste de travail rend les salariés non qualifiés particulièrement vulnérables si leur entreprise met la clé sous la porte et les empêche de se réinventer, de se projeter dans un nouveau parcours professionnel. Entre les Opca devenus Opco, le Cnepof, le Copanef ou encore le Fongecif et maintenant le CPF – et j'en oublie certainement ! –, le secteur de la formation professionnelle est l'un des plus inventifs et des moins compréhensibles pour bon nombre d'entre nous. Cette ribambelle de sigles obscurs manifeste le grand nombre d'acteurs qui interviennent dans ce domaine et dont les rôles s'entrecroisent. Elle témoigne surtout de la complexité du système et, n'ayons pas peur des mots, de l'absurdité du modèle français en la matière.

Les pays scandinaves ainsi que les Pays-Bas ont su mettre en place des modalités d'organisation de la formation professionnelle continue plus flexible, la modularisation des programmes, une offre croissante de formation à distance, de cours du soir, de programmes à temps partiel… Sur cet item, la France est largement à la traîne[27] ! On comprend alors mieux le chemin de croix d'un salarié en CDI, désireux de reprendre des études supérieures pour décrocher un Master, mais qui ne dispose pas d'une offre de formation suffisante, qui ne peut pas se permettre de déserter son entreprise pour assister aux cours, au risque de perdre son emploi, qui n'a pas les moyens de se financer un cours à distance, ou qui, tout simplement, est (non)accompagné par une multitude de services et d'interlocuteurs contradictoires. Un ressortissant étranger, installé dans notre pays régulièrement, a souvent bien du mal à voir le diplôme obtenu dans son pays d'origine validé par les autorités françaises. Situation que l'on retrouve, notamment, dans le secteur

---

[27] *Source* : Eurostat.

médical avec ces nombreux cas d'infirmiers, reconnus dans leur pays d'origine, mais renvoyés à la plus grande précarité professionnelle une fois en France, sans même que leurs compétences ne soient testées. Un dénigrement d'autant plus incompréhensible que ces métiers sont sous tension. Quand les démarches de reconnaissance des diplômes étrangers extracommunautaires n'aboutissent pas, généralement après plusieurs mois d'un casse-tête administratif et financier, cela crée pour les principaux intéressés une source d'incompréhension et de frustration, parfois d'isolement.

Au cours de mes pérégrinations, j'ai été frappé par une situation, loin d'être anecdotique : une personne ayant subi ces déconvenues, souhaite donner un nouveau souffle à son avenir professionnel. Ne pouvant exercer la profession qu'elle avait initialement choisi, elle se remet en question et découvre une nouvelle passion, un nouveau futur possible. Elle décide alors de se former pour cela, de se qualifier afin d'augmenter ses chances de réussite et d'employabilité. Parfois, elle œuvre déjà dans ce nouveau secteur, de manière précaire, en exerçant si possible quelques missions sporadiques sous le statut d'auto-entrepreneur. Cette personne n'a droit à rien ! Elle paie ses cotisations URSSAF, un pourcentage important d'un chiffre d'affaires qui, lui, est parfois maigre, mais se trouve, généralement, en dehors des radars de l'accompagnement financier de Pôle Emploi. A défaut de la reconnaissance de ses capacités professionnelles par le système français, cette personne décide de se réinventer, de reprendre ses études. Elle n'a pas de gros moyens mais, malgré tout, elle prend le risque de se lancer dans un nouveau cursus universitaire, avec l'espoir de décrocher une licence, voire un master, et de renforcer son projet professionnel en France. Elle a plus de 35 ans, forcément, elle a vécu avant… Et là, surgit un problème de taille : si elle souhaite atteindre son objectif en se concentrant sur ses études, aucune aide sociale, aucune bourse, ne lui est proposée. Elle peut évidemment avoir recours à un job étudiant pour subvenir à ses besoins, un emploi classique à temps partiel n'étant en principe pas compatible avec ses horaires de cours. Mais un job étudiant quand on a plus de 35 ans, c'est généralement – en France en tout cas ! – plus compliqué. Pour en être sûr, nous avons tenté l'expérience et la méfiance des employeurs audités confirme le propos. En même temps, nous savons tous que les critères d'attribution des bourses et des aides sociales pour les étudiants restent très aléatoires. Soyons honnête ! Nous connaissons tous, dans notre entourage personnel, quelque bénéficiaire qui profite du système : une minorité, évidemment, et heureusement. Mais cette situation de fait prouve l'extrême nécessité de repenser l'organisation des attributions, au cas par cas, au plus près des réalités sociales et économiques de chacun. Et une évidence s'impose : le rejet de candidats valeureux, méritants, ne peut plus se faire sur un critère d'âge inapproprié. Les services sociaux des universités et des écoles supérieures ne peuvent pas considérer ces cas, certes minoritaires mais non moins légitimes, comme une variable d'ajustement budgétaire et laisser leur potentielle éligibilité être de l'unique ressort d'une assistante sociale, si dévouée soit-elle. Des commissions paritaires doivent voir le jour dans chaque département de formation, au plus près de l'étudiant, afin d'analyser le bien-fondé et le sérieux du dossier. Seul un suivi efficace, de terrain, peut permettre à qui se trouve réellement dans le besoin d'être aidé, de poursuivre sa scolarité et de concrétiser, ainsi, son avenir professionnel.

Lorsqu'en 2014, j'ai souhaité, depuis le Brésil, me réinscrire dans une université française afin de compléter mon bagage universitaire, l'offre de formation s'est réduite comme une peau de chagrin. Depuis, la diversification de l'enseignement à distance n'a guère évolué… Alors oui, développons les cours diplômants du soir et du week-end pour des travailleurs limités dans leurs créneaux horaires ! Cassons le monopole de la formation à distance gardé jalousement par quelques universités et écoles aux tarifs exorbitants. Créons l'opportunité de la multiplication de l'offre d'enseignement de qualité ! La "formation tout au long de la vie" ne doit pas rester un slogan réservé à quelques-uns, elle doit être la porte d'entrée de tous pour se qualifier, se reconvertir et s'adapter à un monde du travail en perpétuelle mutation.

Relançons l'Europe !

Notre époque traverse un cycle sombre où le repli sur soi prédomine. Partout dans le monde, les nationalismes ont la côte. L'Europe n'est pas épargnée. Sa construction est en panne. La poussée, dans les urnes, des eurosceptiques lors des élections européennes de 2019 ou, plus récemment, la sortie du Royaume-Uni de l'Union européenne appuyée par un soutien écrasant des Anglais au Brexit, en sont la preuve. De Matteo Salvini à Nigel Farage, en passant par Marine Le Pen, Alexander Gauland pour l'AfD allemand ou encore l'espagnol Santiago Abascal, chef du parti d'extrême-droite Vox, l'alliance des populistes européens constitue désormais un groupe puissant au Parlement européen. Plusieurs causes expliquent cette situation :

La première, incontestable, est la distance des citoyens avec la chose européenne et le sentiment d'une machine antidémocratique. Par chose, j'entends l'ensemble des politiques, des programmes, les institutions, l'histoire européennes… Hormis le programme de mobilité étudiante Erasmus, largement considéré comme acquis, très peu de Français connaissent l'impact de l'Europe sur leur quotidien. Rares sont nos compatriotes qui savent que l'Union européenne investit dans l'économie réelle de nos territoires, participent au financement des écoles primaires, notamment par le biais du fonds européen de développement régional (FEDER). Pour la période 2014-2020, la région Occitanie a reçu pas moins de 960 milliards d'euros de la part de l'UE, répartis dans le transport, la santé, l'éducation, l'environnement... Fleuron de l'économie locale, Airbus représente indéniablement une des plus grandes réussites en matière de coopération industrielle européenne. Pour financer ses projets, l'entreprise peut compter sur la Banque européenne d'investissement (BEI). En janvier 2015, la BEI et Airbus Group ont signé un contrat de financement de 500 millions d'euros destiné à soutenir les programmes d'innovation et de recherche-développement d'Airbus en Europe, dont 400 millions aux activités Recherche Développement et Innovation en France. Ce projet vise à valoriser le développement de produits novateurs pour réduire l'incidence de l'aviation sur l'environnement grâce à une plus grande efficacité énergétique des appareils. Tailleur de jeans français depuis 1892, l'atelier Tuffery, installé à Florac, en Lozère, est spécialiste du pantalon local et responsable. Grâce au soutien de l'Europe, la société familiale a pu investir dans de nouveaux locaux et se réorganiser. L'entreprise travaille en lien avec des éleveurs, filateurs et laveurs de laine locaux. Un produit 100 % made in France et écologique puisque la famille Tuffery tend à réduire la teneur en coton de ses jeans en investissant dans d'autres matières nécessitant moins d'eau lors de leur production. Les exemples de l'investissement de l'Union européenne dans les territoires sont nombreux.

Alors, bien sûr, l'Europe est loin d'être parfaite. Elle est évidemment perfectible. Je suis un Européen convaincu, mais un Européen exigeant. Dans sa course folle et aveugle à l'élargissement, l'Union européenne est devenue, année après année, toujours un peu moins gérable. Il faut changer son mode de gouvernance. L'Europe crève de son manque de démocratie. Le 26 mai 2019, 390 millions de citoyens étaient appelés à voter. Mais c'est Monsieur Macron et Madame Merkel qui ont choisi, in fine, les gouverneurs de l'Europe pour les cinq prochaines années ! En effet, ce sont les chefs d'Etat qui choisissent toujours le Président de la Commission et les commissaires européens. En se focalisant sur l'Europe économique devenue, au gré de traités et de directives ultralibérales, l'Europe de la finance, mettant en concurrence les travailleurs des 28 pays membres, les décideurs ont instauré un sentiment d'injustice sociale et fiscale qui a créé un désamour entre l'Europe et les Français. C'est contre cette Europe-là, celle du dumping social et de la concurrence déloyale, que j'ai voté en 2005, à l'occasion du référendum sur le traité établissant une constitution européenne. Robert Schuman[28], Père fondateur de l'Europe, ne préconisait-il pas lui-même *« des clauses de sauvegarde pour limiter les risques, lorsqu'on s'engage dans l'épreuve d'une concurrence nouvelle. Il faut égaliser, harmoniser les conditions de la production, les législations, la masse des salaires et des charges, afin que chaque*

---

[28] SCHUMAN Robert, *Pour l'Europe*, Les Editions Nagel, Paris, 1963.

pays participant soit à même de soutenir la libre confrontation avec les autres. Toute communauté viable exige que soient d'abord atténuées, et si possible éliminées, ces différences de situation. »

Pendant longtemps, la communication bruxelloise, jugée trop technique, était supposée ne pas être entendue par les peuples. Face à la montée des nationalismes, la Commission européenne s'inquiète plus que jamais du désintérêt – voire du rejet – des populations. Sensibiliser à la citoyenneté européenne, faire connaître les actions de l'Union aux publics historiquement éloignés, communiquer largement sont devenus des priorités. Dans son programme pour l'Europe[29], Ursula von der Leyen, nouvelle Présidente de la Commission européenne, annonce un nouvel élan pour la démocratie et envisage de confier aux Européens un rôle plus important dans la prise de décision. *« Je veux que les citoyens aient leur mot à dire à l'occasion d'une conférence sur l'avenir de l'Europe, qui devrait s'ouvrir en 2020 et durer*

---

[29] VON DER LEYEN Ursula, *Une Union plus ambitieuse. Mon programme pour l'Europe*, Orientations politiques pour la prochaine Commission européenne, 2019-2024, p.23 à 25.

deux ans. Cette conférence devrait rassembler les citoyens – dont les jeunes qui y auraient un rôle important – la société civile et les institutions européennes, partenaires sur un pied d'égalité. (...) Je suis disposée à donner suite aux points qui y seront décidés, y compris par une action législative, s'il y a lieu. Je suis également ouverte à une modification du traité. Si le Parlement européen devait proposer l'un de ses membres pour présider la conférence, je soutiendrais pleinement cette proposition. » Cette déclaration va dans le bon sens. Souhaitant établir une relation particulière avec les eurodéputés, Mme Von der Leyen précise vouloir « *accorder un rôle plus important au Parlement européen qui est la voix des citoyens. Je suis favorable à un droit d'initiative pour le Parlement européen.* » Ce point représente une avancée considérable étant donné qu'à ce jour, seule la Commission élabore les lois. En outre, pour que notre Union inspire confiance aux Européens, ses institutions doivent être ouvertes et irréprochables en matière d'éthique, de transparence et d'intégrité. Pour cela, la nouvelle Présidente s'engage à créer un organe éthique indépendant commun à toutes les institutions de l'UE…

Toutes ces intentions destinées à développer la démocratie et le contrôle citoyen sur les institutions supranationales sont louables. Mais nous devons faire plus ! Pour que l'Europe soit plus démocratique, efficace et ne souffre plus de paralysie, il faut en finir avec les veto et les systèmes de vote à l'unanimité qui permettent à un seul État, même le plus petit, de bloquer les 27 autres. Ces veto ont empêché de mettre en place une liste noire européenne des paradis fiscaux, d'assurer notre indépendance énergétique ou encore de faire face au terrorisme, ensemble et efficacement. A l'UDI, nous proposons que le vote à la majorité qualifiée devienne la norme pour toutes les décisions au Conseil de l'Union européenne sur les sujets économiques et sociaux, et pas seulement pour les politiques en matière de climat, comme le suggère Mme Von der Leyen. Les élections européennes n'ont à ce jour aucune véritable influence sur le choix du Commissaire français qui est amené à siéger à la Commission Européenne. Ainsi, en 2014, François Hollande a choisi le socialiste Pierre Moscovici pour nous représenter à Bruxelles alors que 87% des Français avaient voté contre le PS ! Il est temps que le mode de désignation des commissaires européens tienne compte du vote des électeurs : le candidat sélectionné par le chef d'Etat devra obtenir la validation des eurodéputés du pays concerné à la majorité absolue, c'est à dire un avis conforme d'au moins 40 eurodéputés. Le Président de la Commission devrait, lui, être élu par les parlementaires européens, en fonction des résultats des élections européennes, et non plus selon un simple avis conforme (article 17 du TUE[30]). Le Président du Conseil européen, organe réunissant les chefs d'Etat ou de gouvernement des pays membres, doit directement être issu du suffrage universel. Sa première mission serait de défendre l'intérêt des citoyens européens lors des réunions des gouvernements et des chefs d'Etats au Conseil. De tels changements constitueraient une petite révolution sur la place bruxelloise mais il en va de l'adhésion de nos compatriotes au choix de la gouvernance, à l'égard de celles et ceux qu'ils qualifient trop souvent de dirigeants démocratiquement non légitimes. Enfin, je suis favorable à la mise en

---

[30] Le Traité sur l'Union européenne (TUE), aussi appelé traité de Maastricht, a été signé le 7 février 1992 et est un des traités constitutifs de l'Union européenne.

place d'un référendum européen citoyen. Celui-ci permettrait de supprimer une loi existante, de proposer un règlement européen ou de changer les traités. Un seuil minimum de 4,5 millions de signatures à l'échelle européenne (c'est à dire 1% de la population, un peu moins qu'en Suisse où le système fonctionne bien et nécessite 1,25% de la population) serait nécessaire pour déclencher un référendum européen citoyen. Cette consultation permettrait de créer un véritable corps électoral européen, de rendre l'Europe plus démocratique et plus efficace alors que le système gouvernemental actuel paralyse la prise de décision.

Pendant des mois, les péripéties du Brexit ont ressemblé à un mauvais feuilleton. Finalement, le peuple anglais s'est exprimé clairement. Le 12 décembre 2019, les Britanniques ont donné une large victoire au camp de Boris Johnson lors d'élections législatives anticipées. Le Premier Ministre, farouche partisan du Brexit, a donc eu les coudées franches pour entériner le divorce entre le Royaume-Uni et l'UE. Il faut dire que la défiance de nos voisins d'outre-Manche à l'égard de Bruxelles n'est ni nouvelle ni tant surprenante au vu de leur histoire et de leur mode de pensée.

Traditionnelle, instinctivement méfiante à l'égard de toute innovation idéologique, mais en même temps si souple dans l'adaptation de ses institutions anciennes à des circonstances nouvelles, si ingénieuse dans l'interprétation des coutumes non écrites, l'Angleterre a toujours ressenti un préjugé invincible contre les textes précis et rigides. Elle est, par principe, hostile à toute intégration, dans le sens que nous y attachons, à toute structure fédérale. Son Commonwealth, auquel elle tient comme à la prunelle de ses yeux, qui prime pour elle toute organisation internationale imaginable, n'est même pas une Confédération ; il constitue cependant une réalité vivante et efficace. C'est pourquoi l'intégration européenne n'aura jamais coulé de source… Il est impensable pour un Anglais qu'il puisse y avoir une autorité supérieure à celle du Parlement anglais. Aucun argument ne pourrait ébranler cette position, non pour cause d'une espèce d'entêtement – l'Anglais est capable de beaucoup de souplesse empirique – mais en fonction d'un raisonnement logique : un gouvernement anglais ne saurait accorder à un organisme européen plus d'autorité que n'en ont les organes du Commonwealth. Dans aucun domaine, il ne pourrait admettre des décisions qui seraient prises en dehors de lui et peut-être contre lui. Pour les sujets de la Couronne, la primauté appartient au Commonwealth, pas à une instance supranationale installée à Bruxelles. L'Anglais est très attaché au principe de ce qu'il appelle *"unwritten constitution"*. Une charte, une constitution doit être adaptable à chaque circonstance. C'est pour cela qu'elle ne doit pas être formulée dans un texte rigide. A contrario, en France, pays de Descartes, tout doit être précisé dans des textes ; ce qui n'est pas dans les textes est dénué de valeur. C'est ce qui rebute aussi le tempérament britannique, surtout lorsqu'il s'agit de renoncer à une parcelle de souveraineté : il est difficile pour un Anglais de s'imaginer qu'on puisse se rendre prisonnier d'un engagement de ce genre, par un texte écrit, pour une durée de cinquante ans. Il s'agit là d'une différence d'état d'esprit, d'éducation politique, de tradition nationale. L'Angleterre sait observer les distances en tout. Sans s'isoler, elle observe. Il n'y a sans doute pas de pays au monde qui soit plus sourcilleux au point de vue du respect de domicile. Toute violation de domicile, toute ingérence, toute indiscrétion y sont tenues en horreur. L'organisation d'une intégration lui semble un peu comme une violation de domicile, comme une très grave indiscrétion.

*

Un homme a été le chef d'orchestre de l'alliance des nationalistes européens et de leur apogée auprès des masses populaires. Ancien officier de marine américain, homme d'affaires, réalisateur et producteur de cinéma, Steve Bannon est largement considéré comme "l'homme le plus dangereux de la politique américaine". Militant conservateur proche de l'extrême-droite, il a été le principal stratège de la victoire de Donald Trump en 2016, avant d'être finalement limogé en août 2017, non sans avoir marqué de son empreinte la Maison Blanche. Pourtant, quelques mois avant, le chef d'Etat américain avait promu son principal inspirateur au poste de membre permanent du *National Security Council*, comité bien connu depuis la guerre en Irak, en 2003, dont la mission est de conseiller le

114

président des Etats-Unis sur l'intérêt ou non de mener une guerre ou une opération militaire dans un pays… Cette nomination avait alors fait frémir la plupart des diplomates de la planète.

Anarchiste de l'ultra-droite voulant délivrer sa nation de toutes entraves étatiques, prophète de l'*alt-right*[31], Steve Bannon a derrière lui plusieurs carrières. Après un passage dans la *Navy*, il a été banquier chez Goldman Sachs, homme d'affaires dans les médias et l'audiovisuel avec son entreprise Bannon & Co qu'il a vendue à la Société Générale en 1998. Il a produit des films avec des réalisateurs de tous bords (Anthony Hopkins, Sean Penn) et a réalisé des documentaires très controversés aux Etats-Unis, dont *Generation O*. En 2012, il devient directeur général de *Breitbart News*, un site d'informations d'ultra-droite populiste. L'idéologue connaît le pouvoir de la presse. Décrié par ses pairs, le magazine *Time* le

---

[31] Abréviation d'*alternative right*, courant réactionnaire du Parti républicain, créé en 2008 par Richard Spencer, militant américain d'extrême-droite. Il promeut le suprémacisme blanc, le sexisme et s'oppose à l'immigration.

qualifie de « *grand manipulateur devenu le deuxième homme le plus puissant au monde* ». Un journaliste de la chaîne de télévision conservatrice *Fox News* va même jusqu'à surnommer Steve Bannon "Goebbels". L'intéressé ne s'en émeut pas : il fonce pour répandre ses thèses pseudo-scientifiques, suprémacistes, sa haine des juifs et des musulmans. Obnubilé par la guerre et la "fin de la civilisation judéo-chrétienne", adepte de la théorie générationnelle de William Strauss et Neil Howe[32], il ne rêve que d'une troisième guerre mondiale.

Et sa prophétisation n'a pas de frontières. Spécialiste des *fake news,* Steve Bannon a inspiré et aidé l'équipe de campagne du président brésilien d'extrême-droite Jair Bolsonaro. Avant d'être envoyé en mission en terre européenne pour convertir nos concitoyens aux thèses de *l'alt-right*. A quelques mois des élections européennes de 2019, l'idéologue de Donald Trump a tenté de

---

[32] William Strauss et Neil Howe sont deux universitaires qui ont découpé l'histoire des États-Unis en cycles de 80 à 100 ans (les quatrièmes tournants) expliquant les guerres d'Indépendance, de Sécession, la Seconde Guerre mondiale.

fédérer les populistes de toute l'Union européenne. Mission difficile tant les extrêmes-droites de notre continent sont diverses. Son objectif : créer, chez nous, une force eurosceptique suffisamment puissante, structurée et unifiée pour conquérir le tiers des sièges au Parlement européen. En 2018, il confie à l'avocat et homme politique belge Mischaël Modrikamen la direction du think tank Mouvement. Selon ce bras-droit, *« l'insurrection populiste est mondiale. Notre mouvement va être mondial, nous devons l'organiser sur le plan mondial. »* Une sorte d'Internationale *alt-right* en quelque sorte… En attendant, l'Américain a rencontré en tête-à-tête, entre autres, Matteo Salvini, Viktor Orban… et l'état-major du Rassemblement National, guère complexé par cette amitié sulfureuse, à tel point que Steve Bannon a été l'invité de marque du 16ème congrès du parti d'extrême-droite français, le 10 mars 2018. Une nouvelle occasion pour le gourou américain de prodiguer ses conseils : *« Laissez-les vous appeler racistes, xénophobes, portez-le comme un badge d'honneur. Parce que chaque jour, nous devenons plus forts et eux s'affaiblissent ».* Steve Bannon voit l'opportunité, en Europe, de *« réunir les populistes de gauche et les nationalistes de droite ».* Gagnera-t-il son pari ? Si l'union sacrée n'a pas eu lieu – pour l'instant – avec, notamment, les eurosceptiques allemands et suédois, si son succès est en demi-teinte à la lecture des résultats électoraux du 26 mai 2019, le phénomène n'en reste pas moins très inquiétant et doit alerter tous les démocrates, même ceux – surtout ceux – adeptes du politiquement correct et du statu quo.

Pour paraphraser Robert Schuman, la démocratie est une création continue ; elle sait qu'elle est toujours perfectible. Le totalitarisme, a contrario, entretient l'illusion de posséder la vérité non seulement complète, mais immédiate et définitive ; il ne peut ni attendre ni admettre les étapes, surtout lorsqu'il est personnifié par un homme ou une femme qui se sait mortel.le et par conséquent veut l'achèvement de son œuvre sans aucun délai. La démocratie tient compte de l'évolution des idées et des correctifs que l'expérience, c'est-à-dire la leçon des succès et des échecs, nous apporte sous le contrôle d'une libre discussion et d'une libre appréciation.

Bien sûr, la crise migratoire que notre monde connaît et le fantasme du "grand remplacement", attisé par quelques théoriciens complotistes, ont vite fait de nous apeurer et de nous braquer en position de méfiance vis-à-vis de l'étranger. Vous l'aurez compris, il n'est nullement question dans ce livre de minimiser les problèmes ou d'ignorer les faits. Il s'agit d'apporter une autre réponse, humaniste, progressiste, à la question de l'immigration.

L'idée des Pères fondateurs de 'est doté n'a jamais été d'effacer les frontières ethniques et politiques entre les pays, mais de les faire muter de barrières qui séparent à des lignes de contact, où s'organisent et s'intensifient les échanges matériels et culturels. Grâce à l'Europe, nous avons aboli les frontières terrestres avec nos amis allemands, espagnols, italiens, belges, luxembourgeois. L'Europe a permis la liberté de circulation des citoyens pour étudier, travailler et vivre. Cette liberté de circulation est un acquis communautaire auquel Madame Le Pen voudrait renoncer mais nous ne pouvons pas nous y résoudre. En revanche, nous ne sommes jamais allés au bout de la logique de l'espace Schengen : nous avons supprimé les frontières intérieures entre pays européens, mais nous n'avons pas créé de véritable frontière extérieure de l'Union européenne. Comment protéger nos 13 000 kilomètres avec à peine 900 agents Frontex de terrain ? Il est temps de protéger nos frontières ensemble ! Nous ne pouvons plus laisser les Grecs et les Italiens assumer à eux seuls la protection de nos frontières extérieures. L'UDI a proposé, lors des dernières élections européennes, la création d'une Agence Européenne des Migrations, rassemblant les structures existantes et remplaçant Frontex. Cette agence aurait quatre missions principales :

• La protection des frontières de l'Europe par la création d'un véritable corps de garde-frontières européen et une police des frontières européenne, dotés de moyens humains renforcés. Aujourd'hui, l'agence Frontex reste entièrement dépendante des Etats membres, tant pour ses effectifs que pour ses moyens qui lui sont seulement "prêtés". A titre d'exemple, des représentants des Etats membres se sont réunis à Varsovie (siège de Frontex) en février 2019 et ont décidé d'engager sur le terrain 976 agents, 17 bateaux, 4 avions, 2 hélicoptères et 59 voitures de patrouille... Pas plus !

Néanmoins, un corps permanent de 3 000 agents devrait être déployé sur le terrain en 2027. Pour autant, on peut affirmer que l'urgence et la gravité de la situation ne peuvent sagement pas attendre sept ans de plus.

• La gestion de l'ensemble des demandes de visas par l'Europe pour ne pas laisser les demandeurs utiliser les failles des administrations nationales. L'absence de gestion commune n'est pas efficace : 25 % d'étrangers ayant déposé une demande d'asile en France étaient en fait déjà connus dans un autre État de l'Union européenne ! L'administration sera fédérale mais chaque Etat pourra fixer le nombre d'étrangers qu'il veut accueillir chaque année, sur le modèle du Canada.

• L'harmonisation des critères du droit d'asile au niveau européen.

• L'instruction des demandes d'asile dans des centres d'accueil situés dans des pays sûrs en dehors de l'Union. Ces centres permettront d'éviter que des migrants prennent le danger inconsidéré de traverser la Méditerranée dans des conditions inhumaines. L'UE nouera des accords avec des pays situés sur le continent d'origine des demandeurs pour pouvoir instruire les demandes d'asiles dans des centres d'accueil. Les aides européennes au développement seront allouées en priorité aux pays ayant choisi de coopérer et d'installer des centres d'accueil.

Depuis sa création, l'Union des Démocrates et Indépendants a toujours plaidé en faveur d'une co-croissance entre l'Europe et l'Afrique. Ce continent représente autant une formidable chance économique de développement commun qu'un risque majeur si nous n'accompagnons pas ses mutations parallèlement à son explosion démographique. Alors que la population africaine atteindra 2 milliards en 2050, nous devons impérativement trouver des solutions pour lier les flux migratoires à l'investissement dans leurs régions d'origine. L'UE doit clairement mettre l'accent, dans le cadre de la coopération au développement, sur l'amélioration des perspectives d'avenir des jeunes des deux sexes. Elle doit, sur place, investir dans la santé, dans l'éducation et la qualification, dans les infrastructures, la croissance durable et la sécurité. C'est pourquoi nous proposons la mise en place de zones d'investissements dans les régions d'origine des migrants, en créant des incubateurs pour des PME et des projets pouvant dynamiser l'économie locale. Financées par la migration circulaire et par des incitations sur les transferts de fonds des diasporas, ces zones d'investissement créeront de nombreuses opportunités d'emploi.

Cela étant dit, il y a un chantier majeur et préalable qui nous attend : l'électrification de l'Afrique. Le sujet n'est pas nouveau mais l'urgence est là ! 650 millions de personnes sur le continent africain vivent aujourd'hui sans accès à l'électricité ; 10 millions de plus chaque année. L'énergie permet l'accès à l'eau, à l'agriculture, à l'emploi de service, à l'emploi industriel, à la sécurité et à l'équilibre du territoire. Cette situation n'est tenable ni pour l'Afrique, ni pour l'Europe, ni pour le reste du monde. Il s'agit bien évidemment d'une urgence sociale. Pour que les enfants puissent faire leurs devoirs le soir, pour que les femmes cessent d'accoucher dans le noir, pour que les médicaments puissent être conservés dans les frigos, pour que la jeunesse d'Afrique envisage un futur prospère sur son propre continent, il faut que l'accès à l'électricité se généralise. Il s'agit également d'une urgence économique. Le développement de l'électrification offrirait de nouvelles perspectives aux entreprises africaines, ce qui bénéficierait par ricochet aux économies européennes et mondiales. Si la croissance des pays africains passe de 5 % (moyenne actuelle) à 15 % par an, cela accroîtra la nôtre de 2 %. L'Afrique est, pour l'Europe en particulier, un relais de croissance formidable. Nous sommes à la croisée des chemins : un continent totalement électrifié sera un pôle de stabilité et de croissance majeur. A l'inverse, la déstabilisation risque d'être extrêmement grave dans un continent où 800 millions de portables sont aujourd'hui utilisés et où l'information circule totalement[33].

« Une tâche européenne, constructive et valable, consiste sans doute à assurer la défense collective contre toute agression possible. Comme la paix, la sécurité est devenue indivisible. Elle est la condition de toute liberté et de toute prospérité, ces deux objectifs de l'Etat démocratique contemporain[34]. » A ce jour, l'Europe n'est dotée d'aucun réel moyen pour lutter contre le terrorisme. Nos frontières nationales arrêtent

---

[33] *Source* : www.energiespourlafrique.org

[34] SCHUMAN Robert, *Pour l'Europe*, Les Editions Nagel, Paris, 1963.

nos policiers, nos magistrats, pas les terroristes ni les grands criminels. Jean-Christophe Lagarde, président de l'UDI et tête de liste Les Européens au scrutin du 26 mai 2019, a été le seul candidat à proposer la création d'un FBI et d'un parquet européens habilités à poursuivre les crimes lorsqu'ils sont transfrontaliers par nature. En effet, la simple coopération judiciaire entre Etats sur le modèle d'Europol ne suffit plus : les attentats terroristes que nous avons subi sur notre sol l'ont malheureusement montré. Et le parquet européen actuel voit ses compétences limitées à la lutte contre la fraude à la TVA !

Avec le développement des usages numériques et l'utilisation des objets connectés, le nombre de cyberattaques a drastiquement augmenté. En 2016, une cyberattaque contre TV5 Monde avait réussi à entraîner l'arrêt complet de la diffusion des programmes de la chaîne. Plus récemment, la messagerie email de notre ministère des Affaires étrangères a aussi été piratée, causant la fuite de coordonnées confidentielles. En janvier 2019, ce sont les serveurs du service public allemand qui ont été hackés, causant la fuite de quelques milliers de documents confidentiels du Bundestag. L'Allemagne a dû faire appel aux services de la NSA[35] pour faire face à la crise, remettant ainsi en cause sa souveraineté. Nous devons impérativement préserver la sécurité des serveurs de nos services publics devant ces attaques, qu'elles soient commises par des criminels ou par des agents opérant pour des puissances étrangères malveillantes. C'est une question de sécurité publique et de souveraineté. L'UDI suggère donc de créer une cyber-armée européenne pour contrer les menaces virales. Cette cyber-armée sera localisée dans le pôle européen de la défense à Strasbourg et sera mise sur pied par l'intermédiaire de la Coopération Structurée Permanente (CSP), qui n'engage que les Etats membres qui le souhaitent à participer.

L'extrême-droite aura beau continuer à affubler l'Union européenne de tous les maux de la Terre et de tous les problèmes du quotidien, à la stigmatiser en avançant approximations et contre-vérités, à rabâcher la rengaine selon laquelle les peuples ne seraient pas protégés par l'Europe… elle n'est pas

---

[35] *National Security Agency*, service de renseignement américain.

crédible, ou en tout cas ne devrait pas l'être, car les solutions ambitieuses, pragmatiques et courageuses existent. En outre, la politique européenne, dans l'esprit des Pères fondateurs comme dans la nôtre, n'est absolument pas contradictoire avec l'idéal patriotique de chacun de nous. Il y a des milliers d'années, les premières communautés humaines se sont formées au-delà de la famille, et en se basant sur elle, dans les tribus primitives. Plus tard, sont venues s'ajouter les communes, la cité de plus en plus développée ; personne ne songerait à accuser cette évolution d'avoir contrarié le rôle de la famille. Il en est de même pour toute organisation supranationale qui dépasse la nation, non pour la diminuer et l'absorber, mais pour lui conférer un champ d'action plus large et plus élevé. L'extrême-droite ne peut pas kidnapper l'amour de la patrie que, soi-disant, elle seule honorerait, face à des europhiles jetés en pâture. Nous ne conjurerons la vague des nationalismes qu'en menant une politique constructive et collective, dans le cadre de laquelle chacun trouvera son compte, grâce à une solidarité effective des intérêts et des efforts ; des intérêts conciliables quand, en revanche, les nationalismes, eux, se juxtaposent et finissent toujours par s'opposer…

Soyons honnêtes ! Les véritables vainqueurs des élections européennes de 2019 sont les partis écologistes. Ce n'est pas la première fois que nous assistons à une percée des Verts dans les rangs du Parlement européen : ce scrutin leur est souvent favorable. Cette poussée n'est pas étonnante au vu de la préoccupation légitimement prioritaire des Européens pour l'avenir de la planète. Les enjeux et l'urgence climatique ne nous laissent aucun répit. Une dizaine de jours seulement après sa prise de fonction, Ursula von der Leyen a présenté son Pacte vert (ou *Green deal*). Celui-ci acte la neutralité climatique du continent en 2050 et se veut inclusif en embarquant tous les citoyens et tous les pays. Pour cela, l'UE met sur la table 1000 milliards d'euros sur dix ans afin d'accompagner la transition, en particulier pour les pays et les secteurs les plus vulnérables et les plus carbonés. Une manne financière qui devrait permettre de convaincre les derniers pays récalcitrants, à savoir la Pologne, la République Tchèque ou la Hongrie. Parmi les chantiers proposés par la

Commission européenne, il y a la décarbonation de l'industrie lourde. L'un de ses objectifs est par exemple de rendre la production d'acier neutre climatiquement d'ici 2030. Cela devra s'accompagner d'un mécanisme d'ajustement aux frontières pour compenser la perte de compétitivité de l'industrie européenne. Pour cela, plusieurs outils sont à étudier telle qu'une taxe carbone aux frontières ou l'extension du marché carbone aux pays qui veulent exporter chez nous et qui ne seraient pas alignés avec l'Accord de Paris. Pour assurer l'investissement record dans la recherche de pointe et dans l'innovation, inhérentes à la transition, le financement public ne suffira pas et il faudra recourir à l'investissement privé en plaçant le financement vert et durable au centre du système financier. Dans son programme pour l'Europe, Madame von der Leyen proposait que la Banque européenne d'investissement (BEI), convertie en Banque européenne du climat, qui consacre déjà 25 % du total de ses financements aux investissements pour le climat, double au moins ce chiffre d'ici à 2025… Les citoyens européens peuvent aussi être mis vertueusement à contribution. Jean-

Christophe Lagarde a été le seul à proposer la création d'un Livret E. E comme Environnement et Europe. Ce produit bancaire utiliserait l'épargne populaire pour financer des grands projets environnementaux et d'avenir en Europe : un plan hydrogène pour les bateaux et les avions, la rénovation thermique des passoires énergétiques, de nouvelles techniques de sélections végétales pour une agriculture sans pesticides, la lutte contre les microplastiques. Ce livret E représenterait un placement stable et rémunérateur dans lequel les Européens sauraient que leur argent finance leur avenir et celui de leurs enfants.

Cependant, les peuples européens ne parviendront pas à sauver le climat tous seuls : 1 % des émissions de gaz à effet de serre mondiales sont françaises ! Par contre, l'Europe importe chaque année 1700 milliards d'euros de marchandises : à ce titre elle est suffisamment puissante pour faire pression sur la Chine, l'Inde, les Etats-Unis dans la lutte contre le réchauffement climatique. Nous suggérons l'inclusion systématique de "mesures de sauvegarde spéciale" dans les accords commerciaux que l'UE signe avec d'autres pays, afin de modifier les conditions de l'accord en cas de non-respect des objectifs de l'Accord de Paris pour le climat. Pendant la campagne électorale, Nathalie Loiseau, chef de file de La République en Marche, expliquait qu'aucun accord commercial ne sera signé sans respect de l'Accord de Paris. C'est une supercherie : un pays peut très bien signer l'Accord sans le respecter pour autant par la suite ! D'où l'intérêt de clauses de sauvegarde spéciale.

A l'UDI, nous proposons un grand projet fédérateur pour l'Europe : une croisade contre le "continent" plastique, cet immense amas de déchets dans le Pacifique qui pollue nos océans, trois fois plus grand que la France. L'Europe doit se montrer précurseur et trouver des solutions innovantes pour nettoyer l'océan : il en va de notre santé et de celle de notre planète. Cette pollution des océans nous concerne tous. Ce n'est pas parce qu'elle semble lointaine qu'elle n'affecte pas – par les courants par exemple – des océans plus proches et l'ensemble de la chaîne alimentaire. Toutefois, pour venir à bout du continent plastique sur le long terme, l'Union européenne doit agir sur le flux de plastiques rejetés dans l'Océan : pour cela, nous voulons donc que l'UE pousse en faveur d'un traité international à l'Assemblée Générale de l'ONU afin que chaque pays établisse des stratégies et des objectifs de recyclage et à les respecter. Pour montrer l'exemple sur la scène mondiale, l'Union européenne doit développer les industries de recyclage sur son propre territoire pour être capable de recycler 70 % du plastique qu'elle produit d'ici 2030. L'UE doit aussi développer l'éco-conception des produits : le meilleur déchet, c'est celui qu'on ne produit pas[36].

Respecter la planète, c'est aussi respecter notre alimentation et les produits qui finissent dans notre assiette. Les accords de libre-échange entre l'UE et le reste du monde sont souvent pointés du doigt pour leur manque de transparence et de respect des critères de santé publique qui nous sont chers, à nous autres Européens. Pour protéger le consommateur, plusieurs produits sont prohibés en Europe mais autorisés dans les cultures à l'étranger comme l'atrazine, le lactofen ou l'acéphate. En effet, l'Union européenne interdit certains pesticides et impose des normes sanitaires et environnementales

---

[36] www.les-europeens.eu/notre_projet

contraignantes pour nos agriculteurs mais elle autorise, dans le même temps, l'importation de produits étrangers traités avec ces mêmes pesticides interdits chez nous. Situation injuste et schizophrène ! Un exemple flagrant est celui des cerises turques traitées au diméthoate, autorisées par l'UE… et refusées par la France. Depuis 2016, l'Hexagone rejette la commercialisation de ces cerises et bannit cet insecticide toxique. En l'absence de mesures d'interdiction globale du diméthoate à l'échelle de l'Union, le gouvernement français fait jouer sa clause de sauvegarde nationale pour protéger les consommateurs français. Il est plus que jamais temps d'instaurer un règlement européen qui interdise l'importation de biens de consommations alimentaires traités avec l'un des 300 produits phytosanitaires interdits sur notre continent !

Changement climatique, biodiversité, sécurité alimentaire, déforestation et détérioration des sols vont de pair. Nous devons changer nos modes de production, de consommation et de commercialisation. La préservation et la régénération de notre écosystème sont des priorités absolues. Les déclarations de la nouvelle Commission européenne, dans le cadre du Pacte vert, redonnent espoir. Croisons les doigts pour qu'il ne s'agisse pas d'un vœu pieu ! *« Nous devons protéger le travail essentiel que réalisent nos agriculteurs pour fournir aux Européens une alimentation riche, abordable et saine. Ils ne peuvent y parvenir qu'à condition d'en tirer des revenus suffisants pour faire vivre décemment leurs familles. Nous soutiendrons nos agriculteurs grâce à une nouvelle stratégie "de la ferme à l'assiette" pour une alimentation durable à tous les stades de la chaîne de valeur. (...) L'Europe doit avoir pour ambition d'arrêter progressivement toute pollution. Je proposerai une stratégie transversale pour protéger la santé des personnes contre la détérioration de l'environnement et la pollution, en veillant à la qualité de l'air et de l'eau et en contrôlant les produits chimiques dangereux, les émissions industrielles, les pesticides et les perturbateurs endocriniens. Je proposerai un nouveau plan d'action pour l'économie circulaire qui mettra l'accent sur l'utilisation durable des ressources, en particulier dans les secteurs gros consommateurs de ressources et à fort impact tels que le textile et la construction*[37]. » La stratégie "de la ferme à l'assiette" vise donc à :

• Garantir que les Européens bénéficient d'une alimentation durable et abordable,

• Lutter contre le changement climatique,

• Protéger l'environnement,

• Préserver la biodiversité,

• Renforcer l'agriculture biologique.

Si les intentions, ambitieuses, de Mme von der Leyen sont largement louables, un prérequis évident est d'abord à mettre en place : une refonte totale de la Politique agricole commune. La PAC a certainement des avantages. Elle permet en effet à tous les agriculteurs de connaître avec quelques mois, voire quelques années, d'avance (sous réserve de réformes qui pourraient intervenir) le montant de l'aide qui leur sera allouée. Pour nombre d'entre eux, cette somme représente un pourcentage important de leurs revenus et compense, en partie, la baisse des prix agricoles – baisse du prix du lait ou de la

---

[37] VON DER LEYEN Ursula, *Une Union plus ambitieuse. Mon programme pour l'Europe*, Orientations politiques pour la prochaine Commission européenne, 2019-2024, p.8.

viande bovine par exemple –, laquelle baisse est provoquée, dans un système d'échange concurrentiel, par les faibles coûts de production dans divers pays exportateurs non soumis à des charges aussi importantes que celles des agriculteurs français, notamment chez certains de nos voisins européens. Dans les zones de montagne, dans les territoires où les conditions de productions sont plus difficiles qu'ailleurs, du fait de contraintes naturelles ou spécifiques, la perspective des aides PAC incite au maintien de l'agriculture et à l'entretien des terres qui, sans cette compensation financière, seraient supposément délaissées et quelquefois envahies par les friches. L'objectif de l'indemnité compensatoire de handicaps naturels (ICHN) est de maintenir un maillage d'actifs agricoles et une présence humaine dans ces territoires. En 2017, elle a bénéficié à près de 95 000 agriculteurs répartis sur 16 120 communes françaises. Sans elle, les frais d'entretien élevés rebuteraient beaucoup d'entre eux, ce qui entraînerait des conséquences négatives pour les paysages et la biodiversité.

Là où le bât blesse, c'est sur le mode de répartition des aides PAC ! Dans un référé publié en janvier 2019, la Cour des comptes dresse un constat sans appel de la situation et fournit des recommandations dans le cadre de la négociation sur le futur budget de la Politique agricole commune pour 2021-2027. La haute institution y dénonce les fortes inégalités qui entourent le versement des aides directes de la PAC aux exploitations françaises. En 2015, 10 % des bénéficiaires (33 000 exploitants) ont perçu moins de 128 euros par hectare d'aides directes découplées (droits à paiement de base), alors qu'à l'autre extrémité de la distribution 10 % des bénéficiaires ont perçu plus de 315 euros par hectare. Les écarts, allant du simple au double, sont l'héritage de situations historiques, de décennies de politique agricole productiviste, de primes au rendement. La juridiction financière précise, dans son rapport, que les modalités de répartition de ces aides avantagent les grandes exploitations et celles dont les activités sont les plus rentables. Ainsi, l'aide moyenne pour les grandes cultures était, en 2015, de 40 900 euros, soit le double de celle des producteurs de lait. Les aides, qui se montent à quelques 7,8 milliards d'euros par an pour la France, ont été versées *« sans considération de la spécialisation des exploitations ou de leurs caractéristiques en matière d'emploi, de résultat ou d'empreinte environnementale ».* Et sans tenir compte, non plus, des revenus des ménages agricoles. Or, malgré les aides, *« le revenu annuel de 30 % des agriculteurs a été inférieur à 9 500 euros chaque année de 2008 à 2015 (sauf en cultures céréalières et industrielles). (...) La dégradation de la situation des agriculteurs est illustrée par le triplement du nombre de bénéficiaires du revenu de solidarité active (RSA) de 2010 à 2016 »,* poursuit le référé. En définitive, les aides de la PAC bénéficient surtout à des exploitations *« déjà profitables »* pour lesquelles elles représentent un complément de revenus. Les magistrats ne s'arrêtent pas là et constatent que les effets du "verdissement" opéré en 2015 sont *« limités, sinon nuls, du fait d'exigences trop faibles et de régimes d'exemption ».* La Cour préconise l'harmonisation des aides à l'échelle du territoire et recommande que leur attribution oriente davantage les modes d'exploitation vers la performance environnementale (moindre dépendance aux intrants de synthèse, décarbonation du secteur, essor de l'agriculture biologique, diversification des systèmes agricoles). Les agriculteurs doivent être incités à s'engager vers des pratiques plus vertueuses. La nouvelle PAC doit faire un virage radical afin de privilégier un modèle agricole de petites structures, familiales, plutôt qu'un modèle de fermes-usines telles que la ferme des 1 000 vaches de Drucat, dans la Somme, ou plus près de chez nous, celle des 185 000 poules à Lescout (Tarn). Il est urgent qu'elle accompagne les exploitants pris littéralement à la gorge, emprisonnés dans la spirale infernale "investissement – surendettement – productivisme – dépendance des aides publiques"[38], à penser l'incohérence du système et à enclencher la transition de leur mode de production au profit de pratiques agricoles raisonnées, respectueuses de l'humain et de l'environnement. C'est vers cette agriculture-là que la France et l'Europe doivent se tourner si elles ne veulent pas, éternellement, dépendre des importations de produits agricoles comme le tourteau de soja américain ou brésilien. Effectivement, les élevages intensifs ne peuvent plus se passer de ce

---

[38] Cf. le chapitre *Pour une écologie de bon sens sur nos territoires !*

supplément protéique, bénéfique à la croissance rapide des animaux élevés en batterie. Il est quasiment impossible, par exemple, d'équilibrer la ration d'une vache Holstein[39] sans soja alors qu'une race bovine rustique – le potentiel génétique français a été très malmené depuis les Trente Glorieuses – s'autosuffit en alimentation locale, est peu exigeante en produits vétérinaires et est adaptée à l'entretien du paysage.

*

L'Europe doit être fière de ses valeurs, puissante, sûre d'elle et stratège vis-à-vis du reste du monde. A une époque où la confrontation entre blocs mondiaux est toujours plus rude, l'Europe doit cesser d'être naïve face, notamment, aux Etats-Unis et à la Chine. Les géants du numérique, par exemple, doivent nous payer : un règlement européen sur la propriété des données personnelles s'impose.

---

[39] D'origine hollandaise, amenée en Amérique dès le XVIIe siècle, la race Holstein a été introduite en France au milieu des années 1960, pour sa productivité laitière.

Les chiffres d'affaires cumulés des GAFAM (Google, Amazon, Facebook, Apple, Microsoft) ont dépassé la barre des 800 milliards de dollars en 2018. Ces plateformes se rémunèrent grâce à la revente des données à des fins publicitaires et le ciblage marketing. Ces business models se sont construits sur l'exploitation des données personnelles européennes sans aucune contrepartie, alors même que 26 millions de Français se connectent quotidiennement sur Facebook, selon Médiamétrie. Si les données numériques sont le nouveau pétrole du 21ème siècle, quelle sera la place laissée à ceux qui offriront cette matière première, c'est-à-dire nous ? L'Union européenne doit redonner le contrôle au citoyen et lui reconnaître un droit de propriété numérique sur ses propres données. Portée aux Etats-Unis par Jaron Lanier et démocratisée en France par le think-tank Génération Libre de Gaspard Koenig, cette proposition consiste à reconnaître un droit de propriété des citoyens européens sur leurs données personnelles : à chaque fois que les géants du numérique comme les GAFA (Google, Facebook, Amazon et Apple) collectent nos données personnelles, ils devront NOUS rémunérer. Si un opérateur du numérique collecte des données grâce à notre activité sur leurs plateformes, il devra nous rétribuer tous les mois.

Mais la mentalité de nos dirigeants est-elle prête à une telle révolution ? En décembre dernier, Agnès Buzyn lançait la nouvelle plateforme nationale Health Data Hub, en faisant appel à l'offre cloud du géant américain Microsoft. A l'heure où Emmanuel Macron et Bruno Le Maire ne cessent (tardivement ?) de brandir la nécessité d'une souveraineté numérique, la désormais ex-ministre de la Santé offre aux Américains une richesse nationale unique au monde[40]. Les bases de données médicales françaises, les plus larges et les plus précieuses du fait de leur volume et de leur centralisation, hébergées par une multinationale américaine… Quand on sait que les entreprises de droit américain sont

---

[40] Timothée VILARS, « Nos données de santé à Microsoft ? "On offre aux Américains une richesse nationale unique au monde" », *L'Obs,* 23 juin 2020.

soumises au Cloud Act[41], une loi qui les contraint à céder les données qu'elles hébergent sur réquisition de la justice américaine, on peut logiquement et sans délire paranoïaque ou complotiste – s'inquiéter de la protection de nos données les plus intimes.

---

[41] Le Cloud Act (acronyme de *Clarifying Lawful Overseas Use of Data Act*) est une loi fédérale américaine promulguée le 23 mars 2018. Elle modifie principalement le chapitre 121 du Titre 18 du *United States Code*, dénommé *Stored Communications Act*, en permettant aux forces de l'ordre ou aux agences de renseignement américaines d'obtenir des opérateurs télécoms et des fournisseurs de services de Cloud computing des informations stockées sur leurs serveurs... Que ces données soient situées aux États-Unis ou à l'étranger.

Et demain, que ferons-nous ?

Le monde vit depuis le début de l'année une situation inédite. Un virus propagé à l'échelle planétaire a révélé l'incurie de bien des systèmes. En France, l'épidémie du coronavirus a mis en exergue les failles de la gestion hospitalière, sur lesquelles les personnels soignants – ces premières lignes devenues célèbres – nous alertent depuis de nombreuses années. Si ces derniers, pleinement dévoués, étaient bien au rendez-vous, les moyens mis à leur disposition, eux, ont choqué par leur criante absence. Pour reprendre la saillie tonitruante du journaliste Franz-Olivier Giesbert[42], *« la France a pu ressembler, en tout cas au début de la crise sanitaire, à un pays du tiers-monde en manque d'à peu près tout. »* Il y a urgence à réformer intelligemment. Nous le savons : nous allons vivre l'une des pires récessions de notre histoire. Qui dit récession dit troubles, polémiques, délires idéologiques en tout

---

[42] Franz-Olivier GIESBERT, « Les trois réformes urgentes qui s'imposent », *Le Point*, 30 avril 2020, p.5.

genre. Autant d'activités peu propices à la réflexion, la misère extrême, sociale ou morale, donnant rarement les idées claires ; même si une vague, positiviste, à laquelle je m'accroche personnellement, voudrait tirer les leçons du fiasco pour proposer un nouvel archétype socio-économique sérieux et pérenne. Plus jamais ça ! Le monde d'après sera différent, paraît-il. Faisons-en le pari et retroussons-nous les manches ! Alors que, dans notre pays, le secteur de la santé manque de tout – de médecins généralistes, de masques, de respirateurs, de lits d'hôpitaux, de matériel de dépistage... – nous devons réformer en profondeur notre système de santé. Pas uniquement avec des techniques de management calées sur des tableaux Excel ni avec des considérations de boutiquiers. Mais en intégrant à la réforme les maillons essentiels de l'hôpital public : les soignants, acteurs de terrain, ces réels premiers de cordée du secteur de la santé. En ouvrant un cahier de doléances à tous ses métiers et en reconstruisant son économie. En décloisonnant, aussi, le rapport public-privé... En pourcentage du PIB, la France est le pays qui, en Europe, dépense le plus (11,5 %) pour la santé, devant l'Allemagne (11,3 %). Malgré cela, nos hôpitaux ont moitié moins de lits que nos voisins : 3 pour 1 000 habitants contre 6, outre-Rhin. Avant la crise sanitaire, l'Allemagne disposait de 25 000 lits de réanimation quand nos malades devaient se satisfaire de 5 000[43]… La *« boulimie bureaucratique »* dont souffre notre pays est une accélératrice des dysfonctionnements du système.

Cela fait plus de 30 ans que la France a abandonné ses capacités industrielles au profit de l'économie virtuelle, financiarisée. Depuis 1998, la part de la valeur ajoutée industrielle dans le PIB a baissé de 30 % en France, contre 5 % en Allemagne. Les pénuries que nous avons connues au pic de la pandémie de Covid-19, dans le secteur médical mais aussi dans celui de l'alimentaire, du textile ou de l'électronique, en sont la preuve. La reconquête économique s'annonce douloureuse et passera par la production industrielle en France. *« On paye aujourd'hui très cher cette vision qui a consisté à considérer pendant des années qu'on pouvait avoir des*

____

[43] *Sources* : Santé Publique France / Institut R. Koch / OCDE.

ingénieurs mais que les usines étaient ailleurs », rappelle si justement Yves Jégo[44] qui prône une nécessaire réindustrialisation globale de notre pays. *« La relocalisation plaide pour la souveraineté industrielle, c'est-à-dire la défense de nos besoins, mais aussi pour la préservation de l'environnement et le Made in France est le premier des circuits courts. C'est aussi une logique de combat environnemental, bas carbone. »* Nous devons effectivement, et sans tarder, retrouver nos capacités productives et mettre fin à une dépendance délétère qui affaiblit notre souveraineté.

Face à une crise sanitaire qui révélera bientôt l'ampleur de ses conséquences sociales, il est urgent de réagir ! Sans céder aux sirènes d'un nationalisme stratégiquement peu convaincant, il faut rééquilibrer rigoureusement la mondialisation. Nous avons trop perdu en matière de production. La réindustrialisation créera des emplois car, aux manettes des usines, se trouvent des travailleurs. C'est donc un outil de lutte contre le chômage. Avec le Grenelle du Made in

---

[44] Jérôme RABIER, « Yves Jégo : "Il faut reconstruire une France des usines et des ateliers" », *Public Sénat*, 15 mai 2020.

France qu'il appelle de ses vœux, Yves Jégo suggère d'ores et déjà de favoriser l'accès des entreprises nationales à la commande publique en levant, immédiatement et temporairement, les contraintes du code des marchés publics ; en soutenant le développement et le retour des usines sur tout le territoire par le biais d'un programme immobilier public de construction et de mise à disposition d'au moins 250 usines, dès 2021, réparties dans les 102 départements français. L'ancien Secrétaire d'Etat chargé de l'Outre-mer propose aussi de décentraliser tous les moyens de l'action publique afin de développer des écosystèmes territoriaux creusets du renouveau industriel.

En effet, la décentralisation est probablement l'une des réformes prioritaires à mener. Après plusieurs fausses régionalisations, la France jacobine doit enfin céder le pas à la France girondine. *« C'est aux collectivités territoriales, à commencer par les régions, de reprendre la main en reconquérant cette indépendance sanitaire que nous avons perdue et en mettant au point, sur le terrain, les stratégies qui s'imposent face aux prochaines épidémies »*, rappelle Franz-Olivier Giesbert. A force de vouloir s'occuper de tout, L'Etat fait mal ce qu'il est le seul à pouvoir faire : la sécurité, la justice, la défense, l'éducation et la santé. Et, il veut en outre s'occuper de tout le reste. Confions justement "tout le reste" aux collectivités locales, aux régions, aux départements, donnons-leur les moyens et le pouvoir ! Je suis favorable à une vraie décentralisation et à la sacralisation des recettes des collectivités locales dans la Constitution. Si une action publique, une compétence est transférée à ces mêmes collectivités, il faut évidemment transférer la recette qui va avec. Aujourd'hui, l'Etat, dans un processus de recentralisation, continue à contrôler les recettes, laissant les responsables locaux dans une situation de dépendance financière instable et sans perspective. Pourtant, son rôle ne devrait être que celui de chef d'orchestre : il donne les lignes directrices et les collectivités, elles, s'adaptent en tenant compte de la réalité de leurs territoires. Vu de Paris, décentraliser et déconcentrer signifient souvent la même chose. Il n'en est rien. Déconcentrer, c'est donner plus de pouvoirs aux préfets. La décentralisation, c'est donner plus de pouvoirs aux territoires !

*

Comme je le précisais plus tôt[45], la fortification de notre démocratie dépendra de nos capacités individuelle et collective à renouveler la politique dans notre pays. Sobriété, humilité et exemplarité ne sont pas des concepts obsolètes. Ils sont le point de départ de la Politique que nous comptons mener demain. Certains symboles représentent des signaux forts pour la société et notre communauté nationale. En avril, Jacinda Ardern, Première ministre néo-zélandaise, a annoncé une baisse de 20 % de son salaire et de celui de ses ministres, pendant six mois. En agissant ainsi, les dirigeants de la Nouvelle-Zélande ont souhaité montrer leur solidarité avec leurs compatriotes touchés de plein fouet par les répercussions économiques causées par la pandémie. Les plus hauts-fonctionnaires du pays, eux aussi, sont concernés par l'abaissement. Le geste ne bouleversera sans doute pas la situation générale des finances mais il s'agit d'une question de leadership. Si le gouvernement d'Edouard Philippe optait pour une mesure similaire, une enveloppe de

---

[45] Lire l'Avant-propos.

plus de 445 000 euros pour les seuls ministres et secrétaires d'Etat (sans compter donc les traitements des hauts-fonctionnaires et des personnels des ministères) serait ainsi récoltée au bout de six mois… Certes, pas de quoi redresser le pays, mais un geste suffisamment signifiant pour récupérer la confiance d'un bon nombre de Français. A titre de comparaison, députés et ministres bulgares ont décidé à l'unanimité de faire don de leur salaire au système de santé publique tant que les mesures de confinement sont restées en vigueur. En Autriche, les membres du gouvernement ont décidé d'offrir, durant un mois, l'intégralité de leur salaire à une organisation de leur choix luttant contre le Covid-19.

Dans cette période de crise, c'est bien d'un effort national dont nous avons besoin, un effort partagé par l'ensemble des acteurs économiques, politiques, sociaux, sportifs aussi. Au pays de Zidane et MBappé, les athlètes de haut niveau ont aussi, plus que jamais, un devoir de solidarité à accomplir. La loi doit contraindre les entreprises bénéficiant des aides de l'Etat à ne plus verser de dividendes à leurs actionnaires et à ne pas procéder au rachat d'actions au cours de l'année civile 2020. Les assureurs, qui ont réalisé beaucoup d'économies pendant le confinement, seraient bien inspirés s'ils redoublaient d'efforts, en concrétisant leurs engagements auprès de leurs clients et au service de la relance économique de notre pays...

Demain, de grands défis nous attendent sur tous les fronts. En cette période anxiogène, au cours de laquelle les relations humaines se crispent, nous devons redoubler d'efforts. Un effort pour aller vers l'autre : le citadin vers le rural, l'habitant du centre-ville vers celui de la banlieue, l'électeur vers son élu… Un effort d'humilité surtout ! Un effort d'ouverture ! Un effort de construction positive ! En bref, réunir les énergies, toutes les bonnes initiatives qui veulent co-construire ce qui, pour nous, est fondamental : le vivre-ensemble, aujourd'hui bien mis à mal dans notre société.

Avec une République bafouée et affaiblie par un manque global de repères, le travail ne nous manquera pas non plus sur ce point. Parce que nous croyons réellement en la force de la République française, en son autorité, en ses valeurs et principes. Parce que nous savons aussi ses faiblesses (en terme d'intégration, en terme d'ascension sociale) ... Pour ces raisons et bien d'autres qui nous relient à la démocratie, à la liberté d'expression, au vivre-ensemble quelles que soient notre histoire et nos origines, nous croyons possible – et même nécessaire ! – de réfléchir et de proposer, conjointement, ce qui est, et sera bon dans les prochaines années, pour nos territoires français et d'Occitanie.

La France, nos territoires, comptent fondamentalement sur nous.

Toulouse, le 26 juin 2020.

Un grand merci à Anne Durozard-Maffre pour son soutien et la sagesse de ses conseils, à Stéphanie Palancade pour son regard avisé.

Sommaire